Report on China Electric Power Development
2022

中国电力发展报告
2022

电力规划设计总院 ◎ 编著

人民日报出版社
北京

图书在版编目（CIP）数据

中国电力发展报告 . 2022 / 电力规划设计总院编著 .
-- 北京 : 人民日报出版社 , 2022.8
ISBN 978-7-5115-7432-9

Ⅰ . ①中… Ⅱ . ①电… Ⅲ . ①电力工业－工业发展－研究报告－中国－ 2022 Ⅳ . ① F426.61

中国版本图书馆 CIP 数据核字 (2022) 第 140474 号

书　　名：中国电力发展报告 . 2022
ZHONGGUO DIANLI FAZHAN BAOGAO . 2022
作　　者：电力规划设计总院

出 版 人：刘华新
责任编辑：周海燕
装帧设计：元泰书装

出版发行：人民日报出版社
社　　址：北京金台西路 2 号
邮政编码：100733
发行热线：(010) 65369509 65369512 65363531 65363528
邮购热线：(010) 65369530 65363527
编辑热线：(010) 65369518
网　　址：www.peopledailypress.com
经　　销：新华书店
印　　刷：三河市嘉科万达彩色印刷有限公司
法律顾问：北京科宇律师事务所 010-83622312

开　　本：889mm×1194mm　　1/16
字　　数：290 千字
印　　张：12
版　　次：2022 年 8 月第 1 版
印　　次：2022 年 8 月第 1 次印刷

书　　号：ISBN 978-7-5115-7432-9
定　　价：168.00 元

序

2021 年是我国全面建成小康社会、实现第一个百年奋斗目标，向第二个百年奋斗目标进军的一年。一年来，面对复杂严峻的国内外形势和诸多风险挑战，我国电力工业稳健前行，供应保障能力稳步夯实，绿色低碳转型不断加速，落实碳达峰、碳中和战略目标取得重要成效，有力支撑了我国经济生产与居民生活需求。

《中国电力发展报告 2022》是电力规划设计总院组织编写的年度电力发展报告，从发展环境、需求分析、电源发展、电网发展、供需形势、电力经济、电力改革、政策解读、观点汇编等多个方面，对 2021 年我国电力发展状况进行全面梳理、综合归纳；分析预测未来三年电力需求水平，在此基础上提出各类电源、各级电网发展展望；在全面总结电力体制改革进展与成效基础上，分析展望近期改革重点；深入解读过去一年行业重点政策；以专题文章形式深入剖析当前电力行业热点问题。报告以客观准确的统计数字为支撑，力求系统全面、凝聚焦点、突出重点，为政府决策、企业发展提供支持与服务。

作为我国电力规划设计行业的“国家队”，电力规划设计总院以“能源智囊、国家智库”为发展愿景，以建设“世界一流能源智库和国际咨询公司”为战略定位，竭诚为政府、行业和社会提供科学求实、客观公正的服务。近年来，先后完成国家“十三五”“十四五”能源发展规划、电力发展规划和“十四五”能源技术创新规划，以及能源体制机制改革研究、能源国际合作专项研究等重大规划研究，承担了国家与地方新型电力系统、电力体制改革等重要创新研究，深度参与能源国际合作，为建设清洁低碳、安全高效的能源体系提供了高质量的智库研究支持。

编写中国电力发展报告是电力规划设计总院践行“能源智囊、国家智库”，服务经济社会发展的有益行动。期望电力规划设计总院进一步发挥自身优势，推出更多更好的新成果，打造精品，形成系列，真实记录我国电力工业发展进程，与社会各界共享智慧、共赢发展！

中国能源建设集团有限公司党委书记、董事长

目 录
CONTENTS

三 电源发展
Power Generation Development

四 电网发展
Power Grid Development

五 供需形势
Supply and Demand Situation

六 电力经济
Power Economy

七 电力改革
Power Reform

八 政策解读
Policy Interpretation

九 观点汇编
Perspective Compilation

发展综述

Development Overview

2021 年是“十四五”开局之年，也是党和国家历史上具有里程碑意义的一年，在以习近平同志为核心的党中央坚强领导下，沉着应对百年未有之大变局和世纪疫情，构建国内大循环为主体、国内国际双循环相互促进的新发展格局迈出新步伐，高质量发展取得新成效，实现了“十四五”良好开局。

2021 年，疫情防控卓有成效，我国保持经济发展全球领先地位，工业生产快速恢复，叠加冬季寒潮、夏季持续高温天气，全社会用电量再创新高，达到 8.3 万亿千瓦时，同比增长 10.3%，年增约 8000 亿千瓦时，成为历史最高水平，对电力供应带来极大挑战。

在复杂国际环境、疫情和极端天气等多重挑战下，面对全球能源加速绿色转型新形势，面向“碳达峰、碳中和”发展目标，国家精准施策、沉稳应对，经受住了工业生产快速恢复、冬季寒潮、夏季持续高温、能耗双控、煤炭价格大幅上涨、来水偏枯等因素对电力供应保障的综合考验，为疫情防控和社会经济发展提供了坚强支撑。

一、电力工业高质量发展基础更加坚实

电力供应保障能力稳步夯实。截至 2021 年底，全国发电装机容量 23.8 亿千瓦，较上年新增 1.8 亿千瓦；西电东送规模达 2.9 亿千瓦，较上年增长 1800 万千瓦，全国电力资源优化配置能力稳步提升；全国 220 千伏及以上输电线路长度 84.3 万公里，220 千伏及以上公用变电设备容量 49.4 亿千伏安，分别较上年增长 3.8%、5.0%；全国发电量 8.4 万亿千瓦时，全社会用电量 8.3 万亿千瓦时，分别较上年增长 9.8%、10.3%。2021 年，全国电力工程建设投资 10481 亿元，同比增长 2.9%。其中，电网工程建设投资 4951 亿元，电源工程建设投资 5530 亿元。

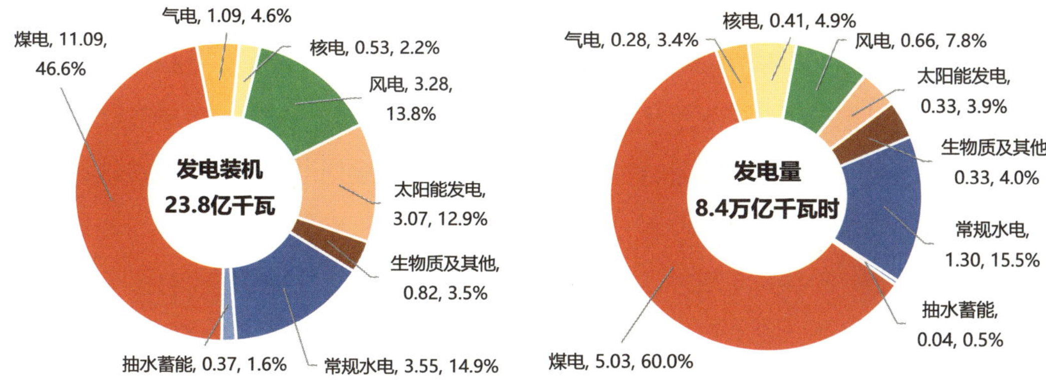

2021 年全国各类电源发电装机和发电量（亿千瓦、万亿千瓦时）

电力绿色低碳转型不断加速。截至 2021 年底，非化石能源装机达 11.2 亿千瓦，占比提升至 47.0%，首次超过煤电装机，其中，风电、光伏装机占总装机的 26.7%。2021 年，新增非化石装机占总新增装机的 75.7%。随着各类可再生能源的布局优化和提质增效，非化石能源正逐步成为新增电量的主力。2021 年，全国非化石电源发电量达 2.9 万亿千瓦时，占总发电量的 34.5%，其中，风电、光伏发电量占总发电量的 11.7%。新增非化石电源电量 3108 亿千瓦时，占总新增发电量的 41.4%。煤电装机 11.1 亿千瓦，占全国发电总装机比重进一步降至 46.6%，煤电全年完成节能降碳改造约 1.1 亿千瓦，完成供热改造约 6800 万千瓦。

电力系统灵活性持续改善。2021 年，煤电灵活性改造超过 6000 万千瓦，抽水蓄能装机达到 3669 万千瓦，新增 520 万千瓦，电化学储能累计规模超过 400 万千瓦。新能源消纳问题持续好转，全国风电、光伏利用率达到 96.9%、98.0%，风电利用率较上年提升 0.4 个百分点，光伏利用率与去年基本持平；水能利用率达 97.9%，较上年提升 1.5 个百分点。电力系统运行效率不断提升，智能电网建设全面推进，电网综合线损率约 5.26%，较上年降低 0.34 个百分点。6000 千瓦及以上火电供电标准煤耗下降至 302.5 克 / 千瓦时。

电力技术创新水平持续提升。水电、核电、风电、太阳能发电等清洁能源装备制造产业链基本完备。全球最大单机容量 100 万千瓦水电机组投入运行。华龙一号全球首堆投入商业运行，我国在三代核电技术领域跻身世界前列。全球首个高温气冷堆核电项目成功并网运行。单机容量 10 兆瓦全系列风电机组成功下线。光伏电池转换效率持续提升。多端特高压直流、柔性直流、统一潮流控制器等工程应用技术均处世界领先地位。“互联网 +”智慧能源、大规模新型储能、综合能源等一大批新技术、新模式、新业态蓬勃兴起。

电力体制改革攻坚成效突出。2021 年，全国电力市场交易规模进一步扩大，全年完成市场化交易电量 3.7 万亿千瓦时，较上年增长 17.2%，占全社会用电量 44.6%。全国统一电力市场体系启动建设，中长期交易机制全面建立，现货市场建设试点稳定结算试运行，辅助服务市场稳步推进。上网电价改革进一步深化，输配电价改革持续优化，分时电价、阶梯电价机制进一步健全。配售电业务加快放开，形成多元化市场主体参与新格局。用电营商环境持续优化，一般工商业电价连续三年降低，世界银行“获得电力”评价指标排名跃升至全球第 12 位。

二、电力工业高质量发展面临更大挑战

一是多重因素叠加，部分地区电力供应紧张，保障电力供应安全成为首要任务。2021 年，国际局势依然复杂多变，能源价格高企，动力煤、天然气等大宗商品价格出现大幅上涨，对我国电力工业生产运行带来一定压力。国内煤炭价格大涨，煤炭供应紧张，火电企业普遍亏损，发电意愿不强，出力不足，叠加能耗双控、水电来水偏枯偏晚等因素，部分地区出现电力供应紧张。9 月后全国多个省级电网陆续采取有序用电措施，东北局部地区出现拉闸限电现象。

长期来看，我国电力需求仍将保持刚性增长，尖峰负荷特征日益凸显。不稳定电源装机比重持续增加，支撑性、调节性电源建设面临诸多约束。全国电网形态日趋复杂，新型储能、柔性直流输电等电力技术快速发展，主体多元化，系统运行方式更加复杂，调度难度日益加大。需要始终坚持保障电力安全的底线思维，推动能源安全上升到国家能源战略安全，尽快构建适应大规模新能源发展的产供储销多元综合保障体系。

二是电力供应需按照先立后破原则，着力提升基础保供能力建设。在碳达峰、碳中和发展战略下，统筹好新能源和传统能源的发展，有效防范和化解绿色低碳转型伴生的风险，始终保障电力安全供应，是实现“双碳”目标道路上需要不断审视和解决的重大问题。应完整、准确、全面贯彻新发展理念，遵循我国能源安全的指导方针，立足以煤为主的基本国情，充分认识到煤炭保障能源安全的重要基础地位且短期内不可替代性，坚持先立后破、通盘谋划，实事求是地制定转型战略，发挥好传统支撑性电源的托底保障作用，持续推进应急备用能力建设，确保传统能源逐步退出要建立在新能源安全可靠替代基础上，积极稳妥、安全降碳。

三是新能源可靠替代尚未形成，需加快实现装机替代向电量替代转变，推动成为主体性电源。“十三五”以来，新能源实现了跨越式发展，装机、电量占比显著提升，发电装机占比由 14% 提升至 26% 左右，发电量占比由 5% 提升至 12% 左右。新能源发展由补贴驱动逐步转为市场驱动，迈入高速与高质量并重的发展阶段。然而，一方面，新能源消纳基础尚不牢固，受限于系统调节能力建设有待加强、输电通道新能源输送能力有待提升等因素，未来随着新能源进一步大规模发展，弃风弃光存在发生反复的潜在风险，局部地区仍然面临利用水平下降的问题；另一方面，电力系统中新能源电量总体上占比仍然偏低，新能源尚未成为主体性能源，电力支撑能力相比常规电源存在较大差距，未形成可靠替代。

三、近期电力工业发展重点

2021 年中央经济工作会议提出，坚持以供给侧结构性改革为主线，统筹疫情防控和经济社会发展，统筹发展和安全，继续做好“六稳”“六保”工作，持续改善民生，着力稳定宏观经济大盘，保持经济运行在合理区间。服务社会经济高质量发展，对电力系统提出全方位更高要求。近期，需要从以下四个方面着力，加强研究，凝聚共识，共同推动我国电力工业转型升级，实现持续健康发展。

推动开工建设一批保障性支撑电源。统筹绿色与安全，积极推动具备投产条件的常规水电、气电、核电有序建设投产。优化煤电布局，围绕大型风电光伏基地外送消纳布局一批支撑性调节性煤电，有效支撑大规模、高比例新能源并网和送出，提升通道利用率；在负荷中心地区，视电力供需形势布局一批支撑性自用煤电，保供风险较大地区，加快推动已纳入规划煤电建设；大力推进煤电“三改联动”，加速煤电清洁低碳转型。

加快构建新能源供给消纳体系。重点依托沙漠、戈壁、荒漠，以及采煤沉陷区，通过多能互补形式，推进新能源基地化开发，创新运行机制，探索建立新能源基地有效供给和有效替代新模式。在省内优化布局一批源网荷储一体化项目，合理布局“新能源 + 储能”友好型新能源电站，推广应用多时间尺度功率预测、智慧调控等技术，有效提升新能源可靠支撑能力和消纳水平，加快向系统主体性电源迈进。

积极探索新型电力系统发展新模式。新型电力系统建设以适应电力市场规范高效运行为基本要求，以源网荷储互动为基本特征，以“大电网”和“分布式”兼容并举为主要形态，以数字化和智能化为重要基础，以技术创新和体制机制创新为支撑。今后一段时期，是新型电力系统建设基础期。近期，围绕“储”领域，加快新型储能规模化布局，大力发展电源侧、电网侧、用户侧新型储能，统筹发挥提供容量支撑、提升系统调节能力、增强系统运行稳定性等多重价值。完善新型储能投资运营模式、体制机制，在有条件地区，因地制宜推动“新能源 + 储能”一体化、“共享储能”等创新发展模式。

加快构建全国统一电力市场。持续开展全国统一电力市场架构体系和体制机制建设，着力破解电力体制改革和电力市场运行的堵点、难点。推动省间和省内市场有效融合，推进中长期、现货、辅助服务市场协调运行，促进战略性跨省区送电与市场统筹衔接。建立健全煤电、储能等容量市场化价格形成机制。进一步完善输配电价成本监审机制，优化输配电价结构，发挥独立输配电价对促进发、输、储、用各环节的优化引导作用。

一 发展环境

Development Environment

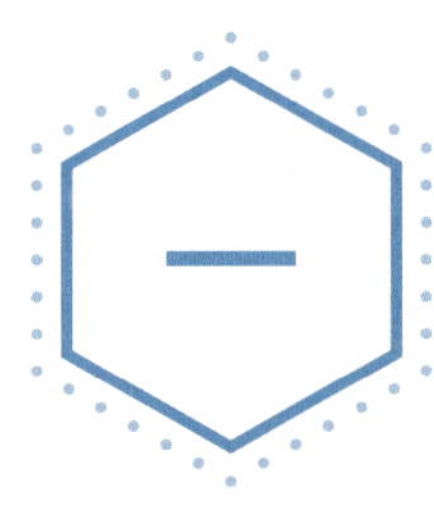

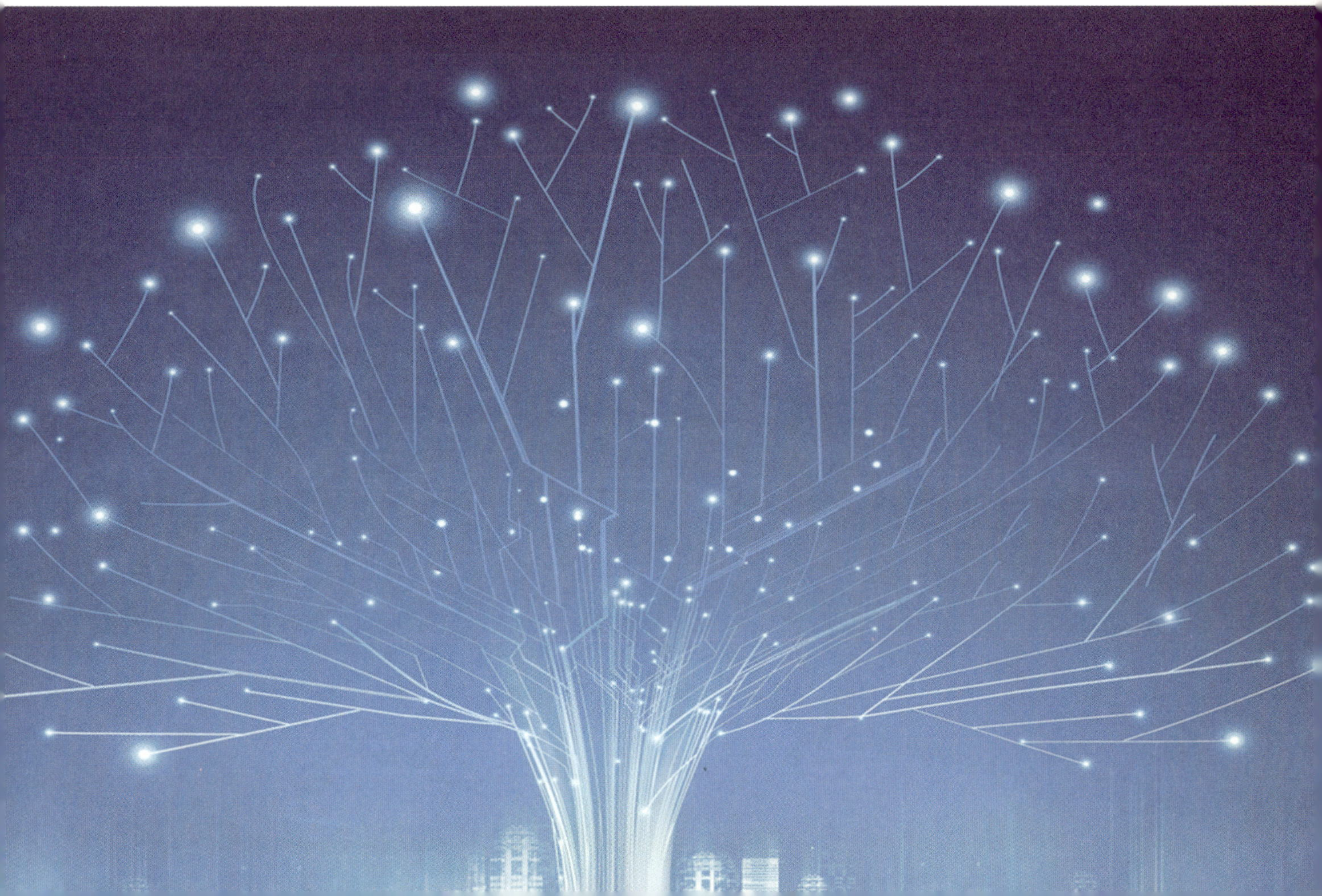

1 经济发展环境

1.1 国际经济发展环境

2021 年，得益于各国疫苗接种率上升、新冠肺炎疫情防控措施加强，以及持续的财政刺激和货币宽松政策，全球经济在波动中复苏，全球工业生产和商品贸易稳步修复，好于疫情前水平。全球经济特点总体表现为：

全球经济增速大幅回升

全球经济增速

↑ 5.5%

在新冠肺炎疫情持续蔓延的第二年，多国对封锁措施的放松大幅提振了需求，2021 年全球经济增速较上年上升 8.9 个百分点，回升至 5.5%，为过去 80 年来最强劲的经济增速。

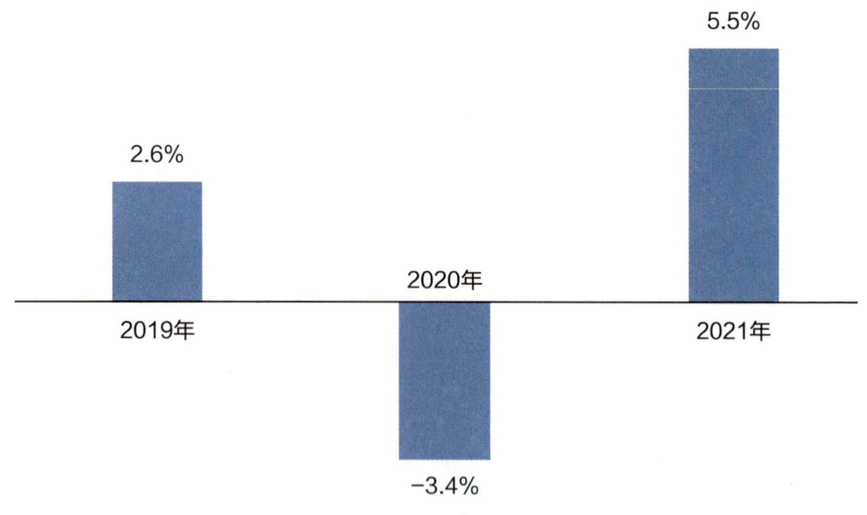

2019~2021 年世界经济增速

数据来源：世界银行《全球经济展望》2022 年 1 月

发达经济体、新兴和发展中经济体均呈现不同程度复苏态势

受大规模财政支持和放松限制措施影响，美国（经济增速 5.6%）、欧盟（经济增速 5.2%）等发达经济体复苏较快，在需求上升和大宗商品涨价支撑下，阿根廷（经济增速 10%）、俄罗斯（经济增速 4.3%）等新兴和发展中经济体也呈明显回升态势。

2021 年，全球贸易强势增长，服务贸易恢复到新冠肺炎疫情前的水平，贸易总额达到 28.5 万亿美元，比 2020 年增加 25%，比 2019 年新冠肺炎疫情爆发前高出 13%。中国货物贸易进出口总值 39.1 万亿元人民币，同比增长 21.4%，其中出口 21.7 万亿元，增长 21.2%；进口 17.4 万亿元，增长 21.5%，贸易顺差 4.4 万亿元。

全球贸易强势增长

全球货物贸易量

↑ 25%

联合国贸易和发展组织发布的《全球投资趋势监测报告》显示，2021 年全球外商直接投资（FDI）强劲反弹，比 2020 年增长 77%，从 9290 亿美元增至 1.65 万亿美元，超过新冠肺炎疫情前水平。流入发达经济体的 FDI 增长最快，总额达到约 7770 亿美元。去年全球新增的 FDI 中，超过 5000 亿美元流入发达经济体，占比接近 70%。同期，流入发展中经济体的 FDI 增长 30%，总额接近 8700 亿美元。在服务业外资强劲增长的推动下，2021 年流入中国的 FDI 总额达到创纪录的 1790 亿美元。

全球外商直接投资强劲反弹

全球外商直接投资

↑ 77%

2021 年，在经济复苏主导下，全球金融市场在分化中整体向好。全球流动性整体宽松，货币市场利率小幅下降。美元指数波动回升，新兴市场货币总体承压。全球股市震荡攀升，发达市场股市与新兴市场股市的剪刀差分化并持续扩大。大宗商品市场整体呈强劲走势，能源价格大幅飙升，工业金属价格屡创新高。

全球金融市场在分化中整体向好

2021 年，世界各主要经济体经济运行情况如下：

全球大部分经济体增速回升

美国

2021 年美国经济整体表现良好，实际 GDP 规模在二季度已超过疫情前水平，下半年经济增速低于预期。总供给滞后总需求的状态有所改善，制造业增速高于消费支出增速，服务业增速回升。通胀与就业领域存在失衡，供应链瓶颈、劳动力和原材料短缺对制造业活动产生限制，拖累美国经济增长，并加剧通胀压力。2021 年美国通胀加速上升，四季度 CPI 超过 6%，为 30 年来最高。就业量及就业率复苏滞后于经济增长，尚未恢复至疫情前水平。

美国经济增速

↑ 5.6%

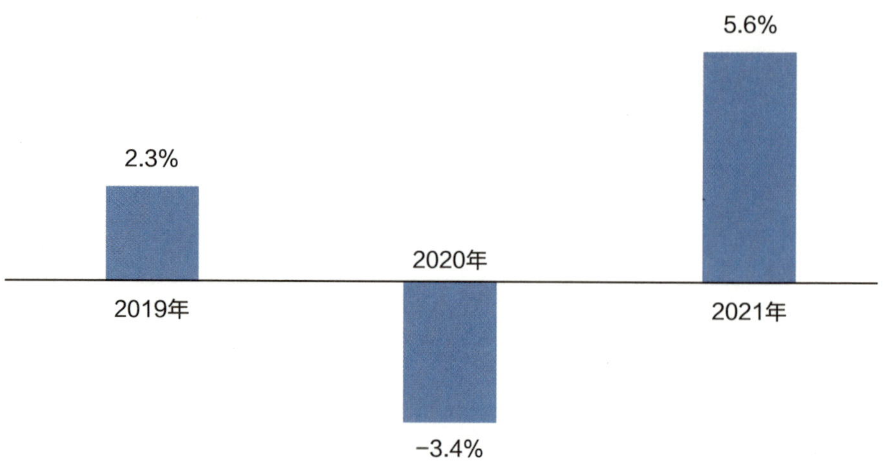

2019~2021 年美国经济增速

数据来源：世界银行《全球经济展望》2022 年 1 月

欧盟经济增速
↑ 5.2%

欧盟

2021 年，疫情好转促进欧洲经济增长，劳动力市场整体恢复至疫情前水平，但通胀压力不断上升。2021 年第二、三季度经济反弹显著，但受疫情反复、供应链瓶颈和能源价格急剧上涨影响，四季度经济增长有所放缓。

5.2%
1.6%
2020年
2019年
2021年
-6.4%

2019~2021 年欧盟经济增速

数据来源：世界银行《全球经济展望》2022 年 1 月

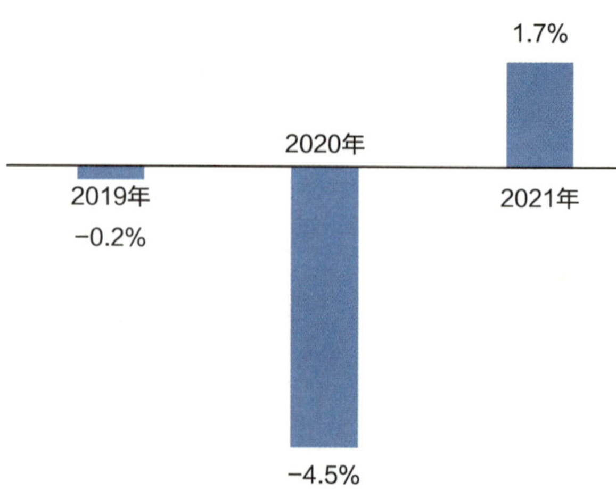

2019~2021 年日本经济增速

数据来源：世界银行《全球经济展望》2022 年 1 月

日本经济增速
↑ 1.7%

日本

2021 年，日本疫情未得到完全控制，经济复苏缺乏稳定性，举办奥运会对经济拉动作用有限。受疫情影响，1 月、4 月和 9 月全国核心经济区域三度进入紧急事态，对经济活动造成巨大影响。受奥运会举办延期影响，已建成奥运场馆的建设运营费用、延期举办产生的各项成本难以收回，成为政府的额外负担。

金砖国家

金砖国家中，印度（经济增速 8.3%）在 2021 年 6 月取消了为遏制新冠肺炎疫情实施的出行限制，此后经济逐渐好转，制药业、农业、采矿业增长明显，全国经济增速较上年增加 15.6 个百分点。南非（经济增速 4.6%）新冠肺炎疫情形势好转，政府放松了防疫禁令，得益于大宗商品市场交易活跃，南非的经济复苏进程明显，全国经济增速较上年增加 11 个百分点。巴西（经济增速 4.9%）得益于疫苗接种范围不断扩大，农业、工业和服务业三大主要活动部门全年均实现正增长，增长率分别为 0.6%、4.4% 和 4.7%，全国经济增速较上年增加 8.8 个百分点。俄罗斯（经济增速 4.3%）2021 年经济增长完全抵消 2020 年的负增长，增长贡献主要来自制造业和以消费需求为导向的行业，全国经济增速较上年增加 7.3 个百分点。中国（经济增速 8.1%）经济发展和疫情防控保持全球领先地位，经济增速较上年增加 5.8 个百分点，增速在全球主要经济体中名列前茅。

印度经济增速
↑ 8.3%

南非经济增速
↑ 4.6%

巴西经济增速
↑ 4.9%

俄罗斯经济增速
↑ 4.3%

中国经济增速
↑ 8.1%

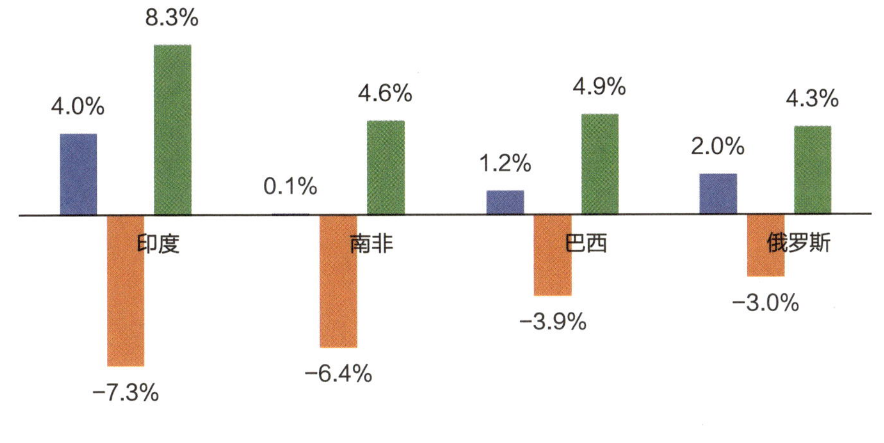

2019~2021 年其他金砖国家经济增速

数据来源：世界银行《全球经济展望》2022 年 1 月

1.2 国内经济发展环境

全国经济规模突破 110 万亿元

国内生产总值

↑ 8.1%

2021 年，面对复杂国际环境、疫情和极端天气等多重挑战，我国保持经济发展和疫情防控全球领先地位，国民经济持续恢复，发展水平再上新台阶。据国家统计局初步核算，2021 年全国国内生产总值（GDP）达到 1143670 亿元（现价），同比增长 8.1%。分季度看，一至四季度经济同比增长率分别为 18.3%、7.9%、4.9%、4.0%。

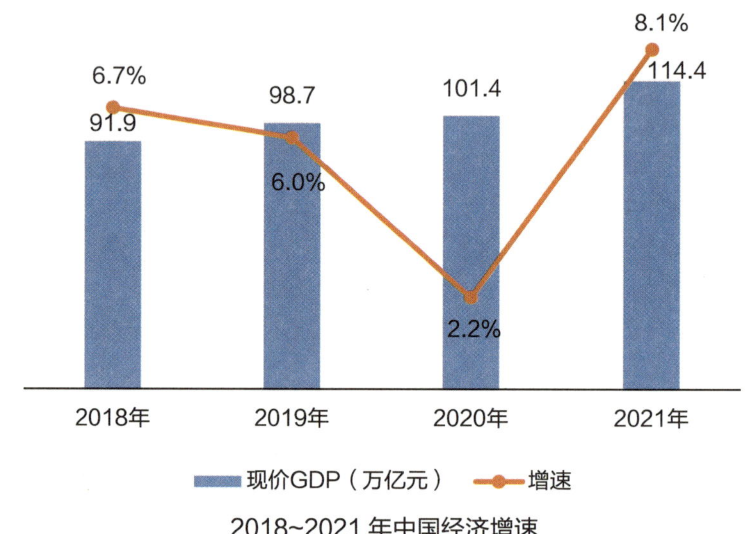

2018~2021 年中国经济增速

数据来源：国家统计局

2021 年，我国坚持稳中求进工作总基调，完整、准确、全面贯彻新发展理念，国家战略科技力量加快壮大，产业链韧性得到提升，改革开放向纵深推进，民生保障有力有效，生态文明建设持续推进。主要工作及成果包括：

科技创新不断深化

全国研究与试验发展经费支出同比

↑ 14.2%

规模以上高技术制造业增加值同比

↑ 18.2%

2021 年，全国研究与试验发展经费支出 27864 亿元，较上年增长 14.2%。战略科技成效凸显，“天问一号”开启火星之旅，天和核心舱成功对接，羲和号探日卫星成功发射运行，华龙一号自主三代核电机组投入商业运行。2021 年，规模以上高技术制造业增加值同比增长 18.2%，比全部规模以上工业增加值增速高 8.6 个百分点；实物商品网上零售额同比增长 12.0%。

协调发展逐步提升

城乡发展持续优化，发展差距持续缩小。2021 年，城乡居民人均可支配收入比值较上年缩小 0.06。区域协调发展呈现新貌，2021 年，京津冀地区生产总值 96356 亿元，同比增长 7.3%；长江经济带地区生产总值 530228 亿元，同比增长 8.7%；长江三角洲地区生产总值 276054 亿元，同比增长 8.4%；粤港澳大湾区建设、黄河流域生态保护和高质量发展等区域重大战略持续深入推进，成效显著。

低碳转型持续加快

2021 年，节能减排稳步推进，全国万元国内生产总值能耗较上年下降 2.7%，万元国内生产总值二氧化碳排放较上年下降 3.8%，清洁能源消费量占能源消费总量的 25.5%，较上年提升 1.2 个百分点。环境质量持续提升，PM2.5 年平均浓度比上年下降 9.1%，全年水质优良（Ⅰ～Ⅲ类）断面比例较上年提高 1.5 个百分点，达到 84.9%。

万元国内生产总值二氧化碳排放

↓ 3.8%

清洁能源消费量占能源消费总量的 25.5%

对外开放稳步推进

2021 年，我国对外贸易量增质升，进出口规模创历史新高，货物进出口总额 39.1 万亿元，同比增长 21.4%，贸易顺差 4.4 万亿元，同比增长 20.2%。利用外资持续扩大，实际使用外商直接投资 1.1 万亿元，同比增长 14.9%，其中高技术产业实际使用外资增长 17.1%。

全年货物进出口总额

↑ 21.4%

拉动经济增长的产业驱动力结构持续优化

2021 年，三次产业增加值占 GDP 的比重分别为 7.3%、39.4% 和 53.3%，第二产业比重较上年上升 1.6 个百分点，对经济增长的贡献率为 38.4%，高技术制造业和装备制造业增加值分别比上年增长 18.2%、12.9%，增速分别比规模以上工业增加值增速高 8.6 个、3.3 个百分点。第三产业比重较上年下降 1.2 个百分点，对经济增长的贡献率为 54.9%，较第二产业高 16.5 个百分点，成为国民经济稳定恢复的主要动力，信息传输、软件和信息技术服务业保持 17.2% 的高速增长。

第一产业对经济增长贡献率

6.7%

第二产业对经济增长贡献率

38.4%

第三产业对经济增长贡献率

54.9%

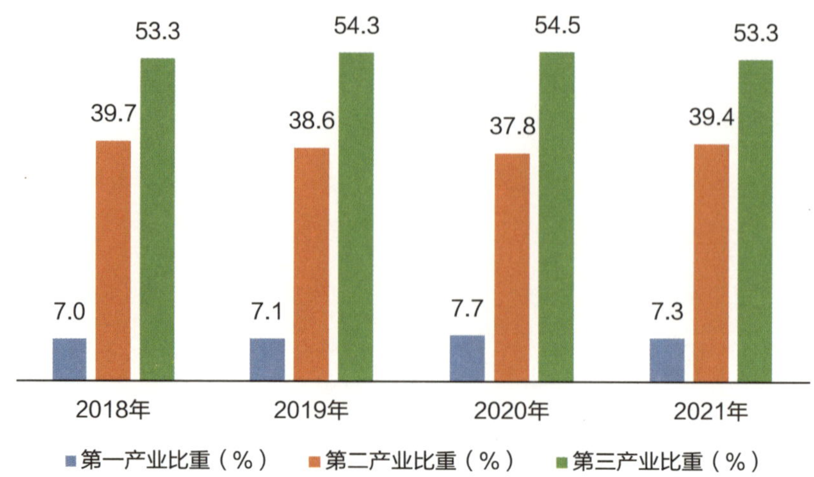

2018~2021 年中国三次产业结构

数据来源：国家统计局

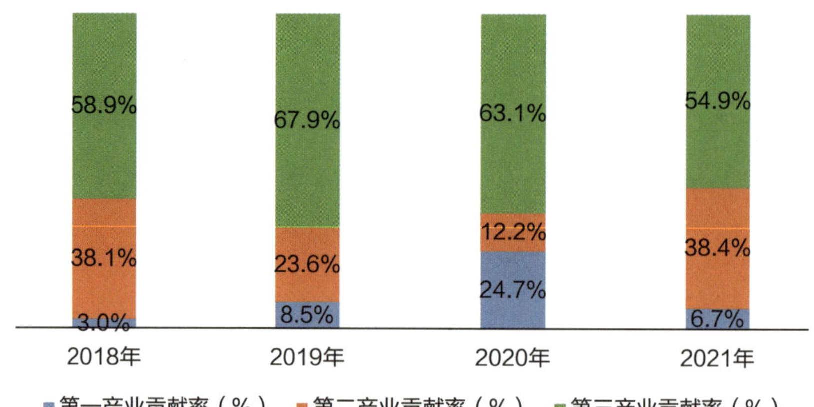

2018~2021 年中国三次产业对经济增长的贡献率

数据来源：国家统计局

城镇化率不断提升

城镇化率

64.7%

2021 年我国常住人口城镇化率达到 64.7%，较 2020 年提高 0.83 个百分点。

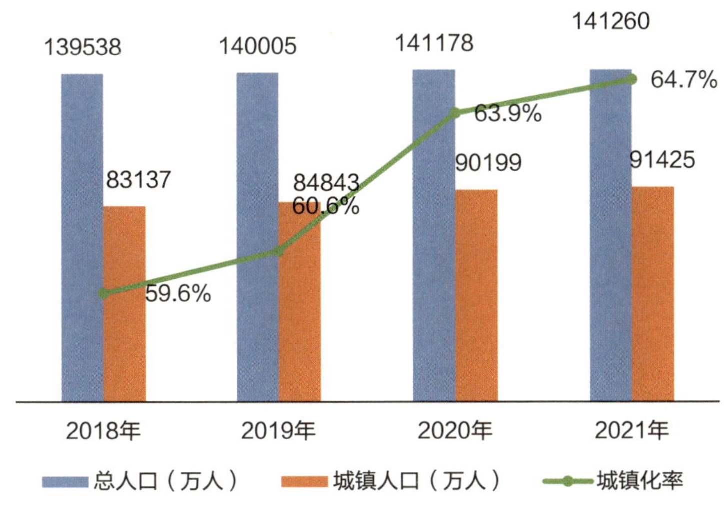

2018~2021 年中国人口增长及城镇化率

数据来源：国家统计局

2021 年，最终消费支出对中国经济增长贡献率达 65.4%，拉动国内生产总值增长 5.3 个百分点，较上年上升 5.8 个百分点，是拉动经济增长的第一动力；资本形成总额对经济增长的贡献率为 13.7%，拉动国内生产总值增长 1.1 个百分点，较上年下降 1.1 个百分点；货物和服务净出口对经济增长的贡献率为 20.9%，拉动国内生产总值增长 1.7 个百分点，较上年提高 1 个百分点。

2021 年，全国固定资产投资（不含农户）达到 544547 亿元，比上年增长 4.9%，较上年提高 2 个百分点。高技术产业投资增长 17.1%，其中高技术制造业和高技术服务业投资较上年分别增长 22.2% 和 7.9%。社会领域投资增长 10.7%，其中卫生、教育投资较上年分别增长 24.5% 和 11.7%。

固定资产投资加速回升

全国固定资产投资
↑ 4.9%

高技术产业投资
↑ 17.1%

2021 年，我国对外全行业直接投资 9366.9 亿元人民币，较上年增长 2.2%。我国境内投资者共对全球 166 个国家和地区的非金融类直接投资 7331.5 亿元人民币，同比下降 3.5%，其中对“一带一路”沿线 57 个国家非金融类直接投资 1309.7 亿美元，较上年增长 6.7%，占同期总额的 17.9%，占比较上年提升 1.7 个百分点。

对外投资继续增长

对外直接投资额
↑ 2.2%

2 能源发展环境

2.1 能源供需形势

经济强劲复苏，能源生产与消费增速均反弹

2021 年，受疫情控制平稳向好、经济复苏等影响，我国一次能源消费总量达 52.4 亿吨标准煤，同比增长 5.2%，增速比上年提升 3.0 个百分点，其中煤炭、石油、天然气、非化石能源消费增速分别达到 4.6%、4.1%、12.5%、9.3%。我国一次能源生产总量达 43.3 亿吨标准煤，同比增长 6.2%，增速比上年提升 3.5 个百分点。

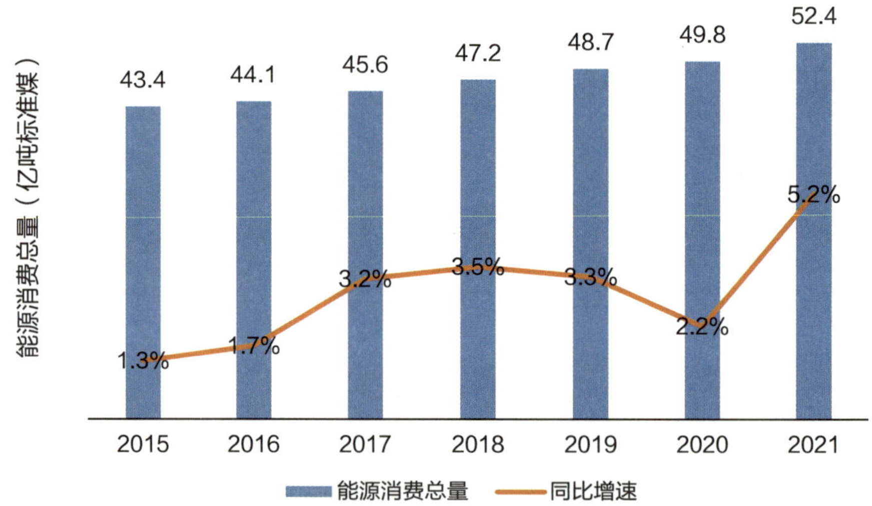

2015~2021 年能源消费总量及同比增速

数据来源：国家统计局

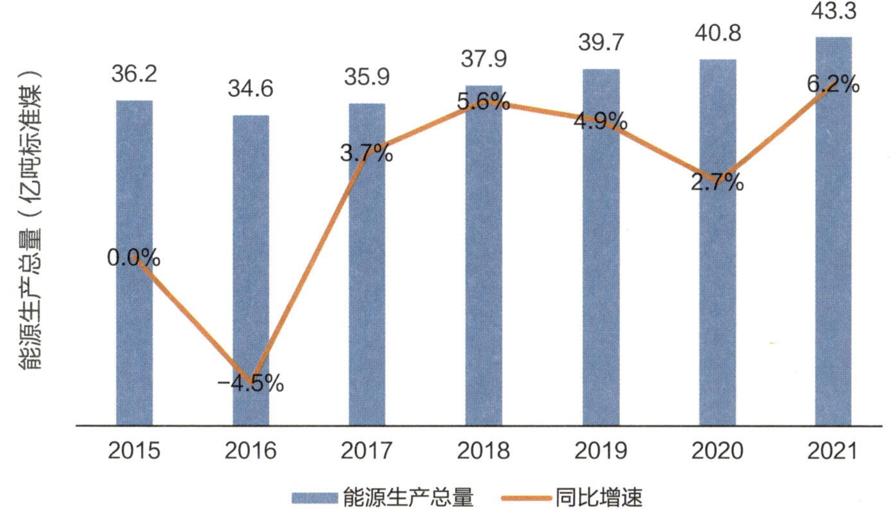

2015~2021 年能源生产总量及同比增速

数据来源：国家统计局

清洁能源生产比重持续提升

2021 年，我国能源生产结构中天然气占比达 6.1%，非化石能源占比达 20.0%，清洁能源产量占比较上年提高 0.5 个百分点。

能源消费结构进一步优化

2021 年，我国能源消费结构中煤炭消费比重降至 56.0%，较上年降低 0.8 个百分点；非化石能源消费比重增至 16.6%，较上年提高 0.7 个百分点。

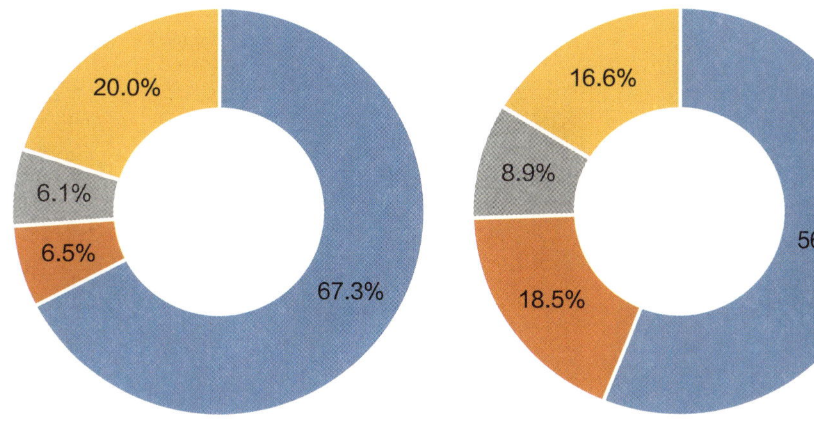

2021 年能源生产结构

数据来源：根据国家统计局及相关资料整理

2021 年能源消费结构

数据来源：根据国家统计局及相关资料整理

煤炭产量较快增长，有力保障能源供应。2021 年煤炭保供政策频出，全年原煤产量达到 41.3 亿吨，同比增长 5.7%，增速较 2020 年提高了 4.3 个百分点，创近年来新高，较好发挥了“压舱石”作用，有力支撑了能源供应。

天然气消费迅猛增长，消费增速超出产量增速。2021 年天然气消费量约 3700 亿立方米，同比增长 12.5%，增速较上年提高了 5.3 个百分点。天然气产量达到 2075.8 亿立方米，比上年增长 7.8%，消费量增速比产量增速高出 4.7 个百分点。

新能源发电量高速增长，水电发电量低于上年。2021 年风电、太阳能发电装机和发电量高速增长，风电发电量 6556 亿千瓦时，同比增长 40.5%；太阳能发电量 3270 亿千瓦时，同比增长 25.2%。受西南地区来水不足等因素影响，水电发电量有所降低，常规水电发电量 1.3 万亿千瓦时，同比降低 1.6%。

能源进口量保持增长，对外依存度有所下降。2021 年煤炭净进口约 3.2 亿吨，石油净进口约 4.8 亿吨，天然气净进口约 1620 亿立方米。能源净进口总量约 11.1 亿吨标准煤，较去年增长 5.1%，增速低于能源消费增速，能源对外依存度有所下降。

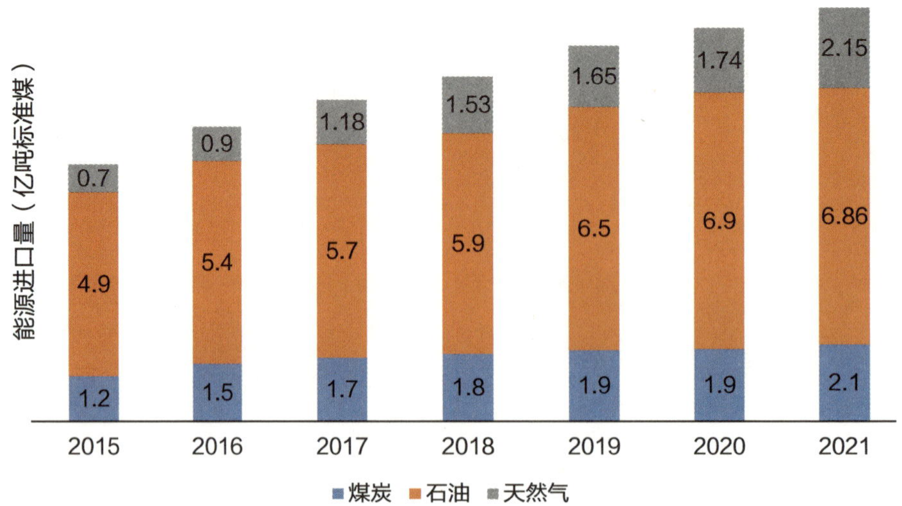

2015-2021 年能源进口量

数据来源：根据海关总署数据及行业相关数据整理

2.2 能源效率与环境

能源生产效率进一步提高。2021 年全国万元国内生产总值能耗（按 2020 年价格计算）比上年下降 2.7%。重点耗能工业企业单位电石综合能耗下降 5.3%，单位合成氨综合能耗与上年持平，吨钢综合能耗下降 0.4%，单位电解铝综合能耗下降 2.1%，每千瓦时火力发电标准煤耗下降 0.5%。

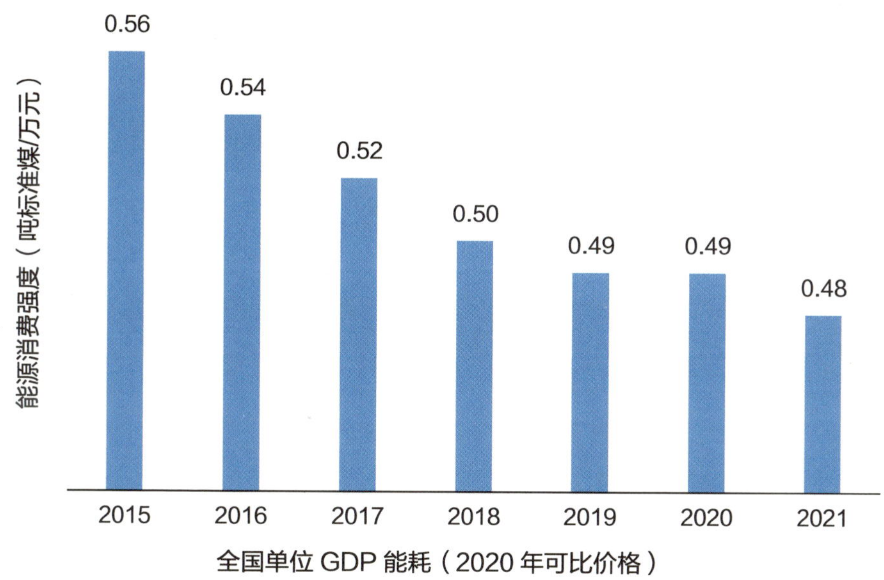

全国单位 GDP 能耗（2020 年可比价格）

数据来源：国家统计局

碳排放得到有效控制。随着碳达峰、碳中和目标的提出，在全国范围内开始对二氧化碳排放实施有效管控。2021 年，在煤炭、石油、天然气等化石能源消费均保持增长的情况下，二氧化碳排放强度有所下降，全国万元国内生产总值二氧化碳排放下降 3.8%。

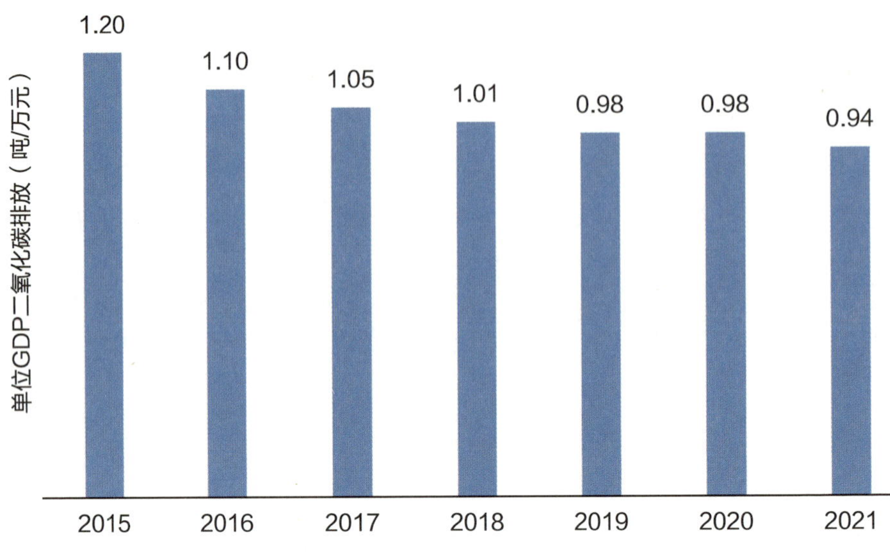

全国单位 GDP 二氧化碳排放（2020 年可比价格）

数据来源：根据国家统计局及国家发展和改革委员会相关资料整理

需求分析

Demand Analysis

1 2021 年概况

1.1 全国用电量

国民经济持续恢复带动全社会用电量两位数增长

全社会用电量
↑ 10.3%

2021 年，在复杂严峻的国际环境和国内疫情散发等多重考验情况下，全国经济实现“十四五”良好开局，全社会用电量达到 8.3 万亿千瓦时，同比增长 10.3%，增速较 2020 年提高 7.2 个百分点。分季度看，一季度，经济持续恢复，叠加上年同期用电量基数较低影响，全社会用电量呈现高速增长，第二季度继续保持两位数增长，受国际能源价格高企、煤炭价格上涨等因素影响，第三季度全社会用电量增速降至个位数，受能耗双控和坚决遏制“两高”项目盲目发展政策影响，第四季度全社会用电量增速继续放缓。一、二、三、四季度全社会用电量同比增速分别为 21.2%、11.8%、7.6% 和 3.5%。

2021 年，用电结构继续优化，保持由二产用电向三产、居民生活用电转移趋势。全社会用电结构为 1.2:67.6:17.1:14.1，在疫情得到有力防控情况下，服务业快速回暖带动第三产业用电快速恢复，用电比重提升 1.0 个百分点，第二产业用电比重下降 0.6 个百分点，居民生活用电比重下降 0.5 个百分点。

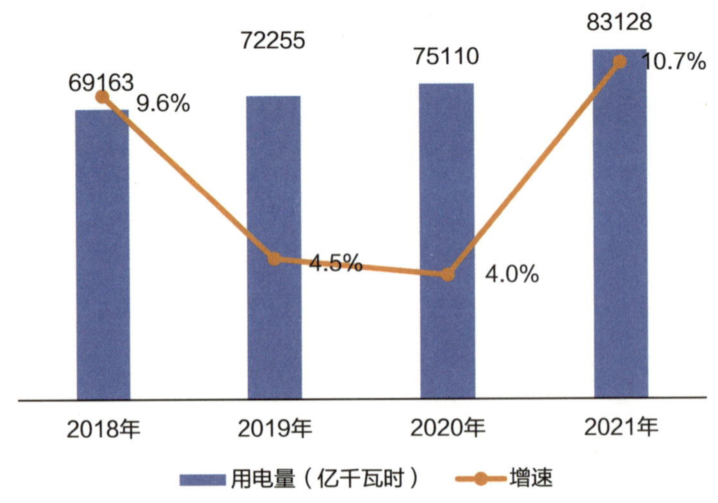

2018~2021 年全社会用电量

数据来源：《电力工业统计资料汇编》（2021 统计快报）

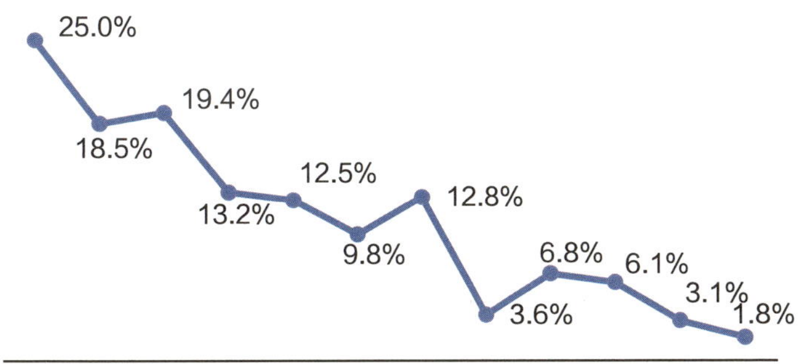

2021 年全社会逐月用电增速

数据来源：《电力工业统计资料汇编》（2021 统计快报）

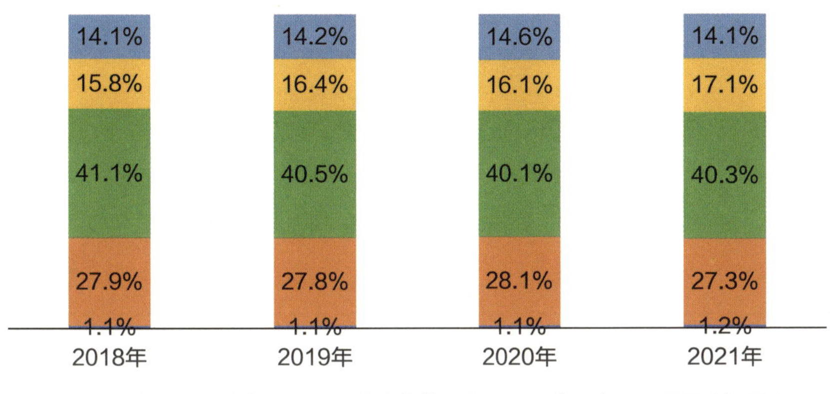

2018~2021 年全社会用电结构

数据来源：《电力工业统计资料汇编》（2021 统计快报）

1.2 分行业用电量

2021 年，我国第一产业用电 1023 亿千瓦时，同比增长 16.4%，较上年同期增速提高 6.2 个百分点。第二产业用电 56131 亿千瓦时，同比增长 9.1%，较上年同期增速提高 6.6 个百分点，对全社会用电量增长的贡献率为 60.4%。第三产业用电 14231 亿千瓦时，同比增长 17.8%，较上年同期增速提高 15.9 个百分点，对全社会用电量增长的贡献率为 27.6%。居民生活用电 11743 亿千瓦时，同比增长 7.3%，较上年同期增速提高 0.4 个百分点，对全社会用电量增长的贡献率为 10.2%。

第二产业用电是拉动全社会用电量快速恢复性增长的主要动力

第二产业用电对全社会用电增长贡献率

60.4%

第三产业用电对全社会用电增长贡献率

27.6%

居民用电对全社会用电增长贡献率

10.2%

第一产业用电
16.4% ↑

1. 第一产业用电

2021 年，畜牧业、渔业与农业用电量均保持较快增长速度，林业用电量出现负增长，其中畜牧业用电量增速达 33.5%，渔业、农业用电量增速分别为 11.8% 和 9.5%，林业用电量增速为 -1.3%。第一产业用电量一至四季度同比增速分别为 26.4%、15.9%、16.4% 和 9.9%。在畜牧业高用电增速带动下，2021 年第一产业用电量呈中高速增长，增速较去年同期增加 6.2 个百分点，对全社会用电增长的贡献为 1.9%。

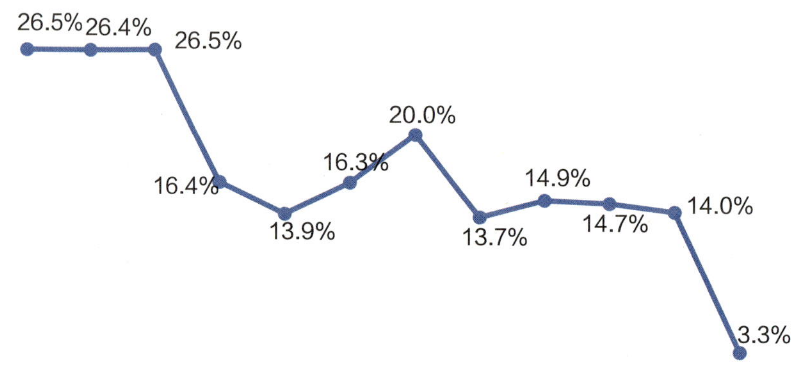

2021 年第一产业逐月用电增速

数据来源：《电力工业统计资料汇编》（2021 统计快报）

2. 高载能行业用电

高载能行业用电
6.4% ↑

2021 年，钢铁、有色、化工、建材行业用电增速均有不同程度提高，高载能行业用电增速回升，全年用电同比增长 6.4%，增速较 2020 年提高 2.8 个百分点，对全社会用电增长的贡献率降低至 17.6%，较 2020 年降低 14.6 个百分点。高载能行业用电量除四季度因能耗双控和坚决遏制“两高”政策影响出现负增长以外，前三季度用电均保持正增长，拉动第二产业全年总用电量恢复正增长。高载能行业用电量一至四季度同比增速分别为 18.9%、9.5%、2.2% 和 -1.2%。

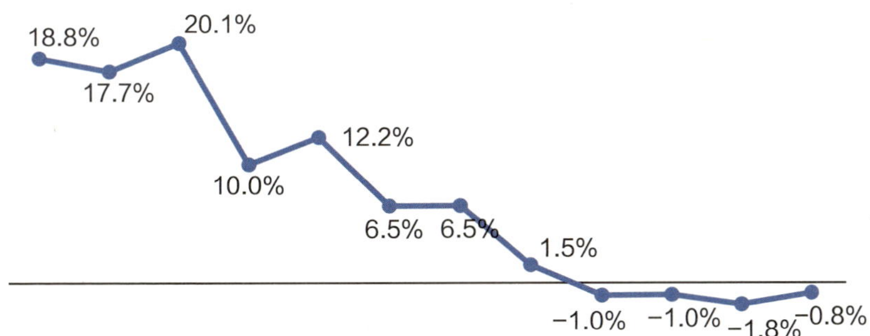

2021 年高载能行业逐月用电增速

数据来源：《电力工业统计资料汇编》（2021 统计快报）

钢铁行业用电

钢铁行业用电
↑ 6.7%

2021 年受全球原材料价格上涨等因素影响，钢材市场价格呈持续上升走势，随着限产等政策逐步出台，企业短期内生产积极性有显著提升，但长期来看钢材市场需求较快收缩，行业支撑作用有所减弱。受钢材限产和能耗双控等措施限制，钢材生产继续放缓，钢铁企业生产积极性不高，钢材产量整体呈收缩态势。一至四季度用电量增速呈下降趋势，各季度钢铁行业用电量同比增速分别为 20%、12%、0.9% 和 -3.8%；全年用电同比增长 6.7%，增速较 2020 年下降 2.8 个百分点。

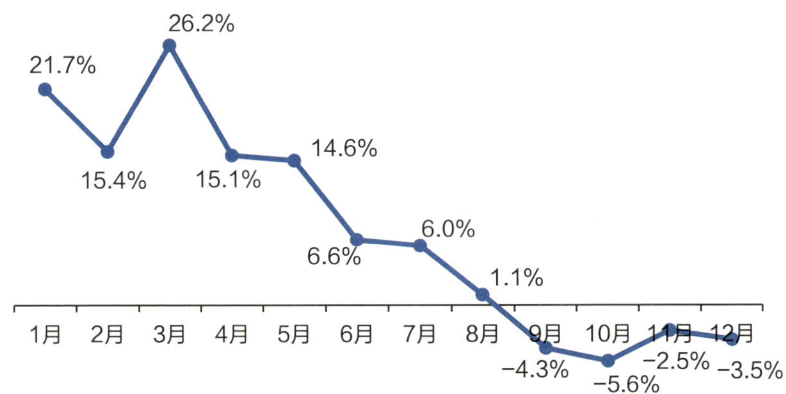

2021 年钢铁行业逐月用电增速

数据来源：《电力工业统计资料汇编》（2021 统计快报）

有色行业用电
↑ 5.4%

有色行业用电

2021 年全球新冠肺炎疫情有所好转，国内铝锭价格总体也呈持续上升趋势。虽然下游房地产、电网投资持续回暖，新能源汽车产量快速增长拉动了全国电解铝产量，但部分地区受电力供应紧张与能耗双控要求升级等因素影响，存在减产甚至停产情况。一至四季度有色行业用电量同比增速分别为 12.1%、7.3%、3.1% 和 0.7%；全年有色行业用电量同比增长 5.4%，增速较 2020 年提高 1.1 个百分点。

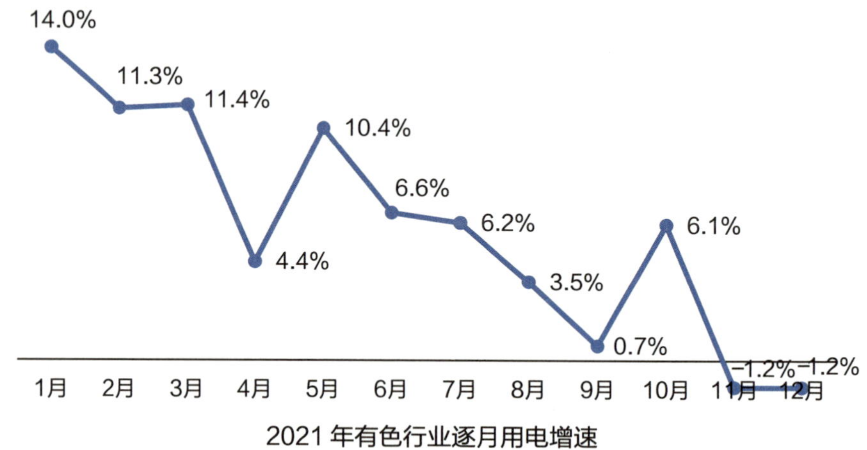

2021 年有色行业逐月用电增速

数据来源：《电力工业统计资料汇编》（2021 统计快报）

建材行业用电
↑ 7.4%

建材行业用电

2021 年，下游房地产行业下行压力较大、开发投资增速持续下降，水泥需求呈先上升后下降变化，水泥价格持续回落。能耗双控政策下多地区水泥企业限电限产，水泥产量持续降低。一至四季度用电量同比增速分别为 40.9%、8.5%、1.1% 和 -4.1%；全年用电量同比增长 7.4%，增速较 2020 年提高 3.5 个百分点。

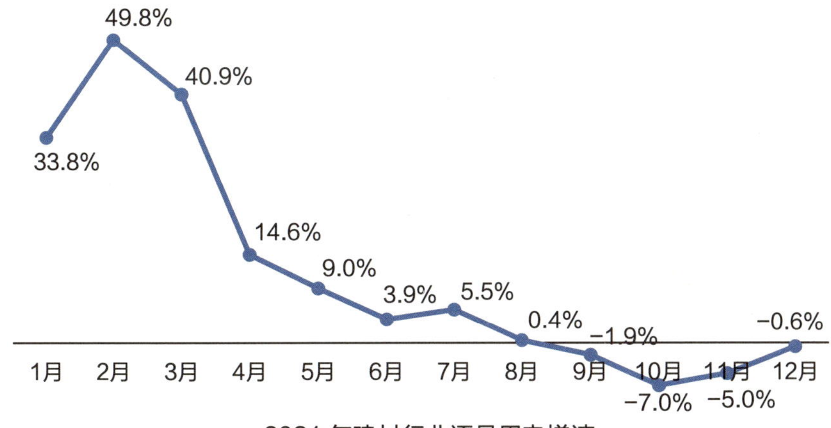

2021 年建材行业逐月用电增速

数据来源：《电力工业统计资料汇编》（2021 统计快报）

化工行业用电

化工行业用电

↑ 6.9%

2021 年，虽然受能耗双控限产和疫情缓解后全球需求复苏影响，叠加能源和原材料成本上涨因素，氯碱、黄磷、电石等化工产品价格不断攀升，但受能耗双控政策与下游行业需求减弱等因素影响，相关产品产量处于低位区间，电石、黄磷、肥料制造等行业用电量均出现不同程度下降。一至四季度化工行业用电量同比增速分别为 14%、10.1%、3.4% 和 1.7%；全年用电量与上年同期相比增加 6.9%，增速较 2020 年上升 4.9 个百分点。

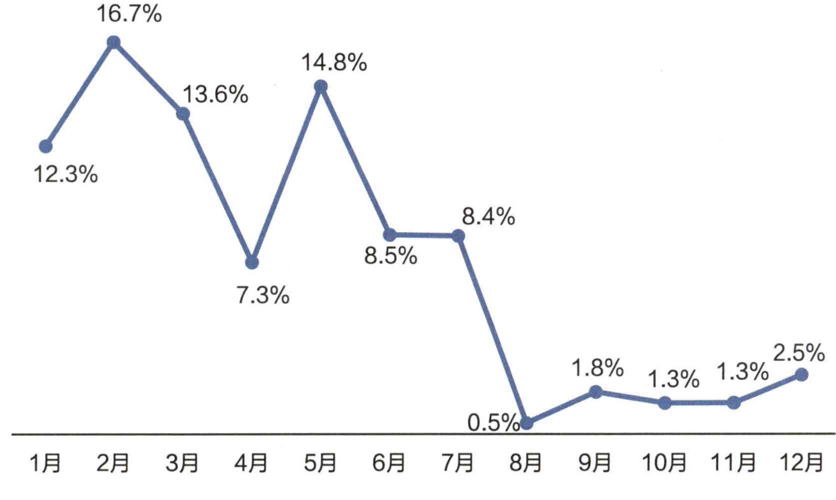

2021 年化工行业逐月用电增速

数据来源：《电力工业统计资料汇编》（2021 统计快报）

非高载能第二产业用电
↑ 11.1%

3. 非高载能第二产业用电

2021 年，金属制品、专用设备制造以及铁路、船舶、航空航天和其他运输设备制造等行业全年用电量同比增速分别达到 8.0%、11.6% 和 6.7%。受新能源发电、新能源汽车制造、5G 通信设备制造等因素带动，通用设备制造、汽车制造、电气机械和器材制造以及计算机、通信和其他电子设备制造等行业用电量同比增速均保持高位，分别为 16.1%、14.6%、24.0% 和 19.8%。综合上述因素影响，2021 年一至四季度非高载能二产用电量同比增速分别为 28%、11.4%、7.1% 和 3.2%，全年合计用电量增速为 11.1%，较 2020 年提高 9.3 个百分点，对全社会用电增长的贡献率达 42.7%，较 2020 年提高 19.5 个百分点。

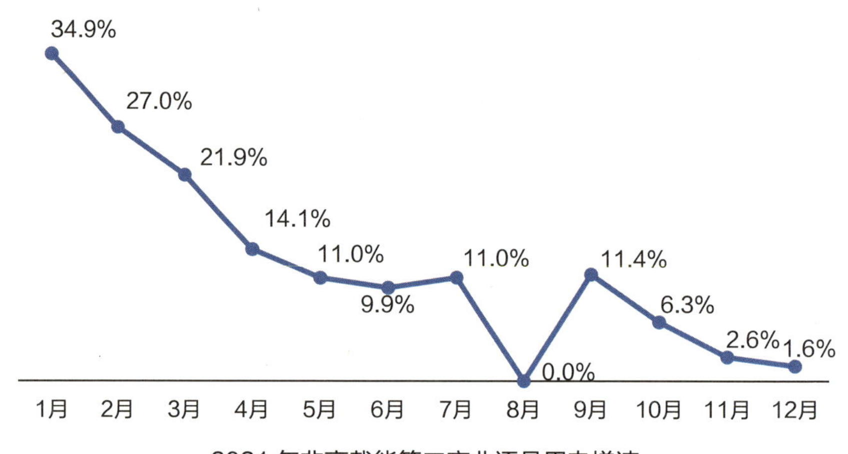

2021 年非高载能第二产业逐月用电增速

数据来源：《电力工业统计资料汇编》（2021 统计快报）

第三产业用电
↑ 17.8%

4. 第三产业用电

2021 年，随着疫情防控成果巩固，消费需求不断释放，生产性、生活性服务业均加快恢复，除年初季节性因素和 8 月份多省多点疫情影响造成服务业商务活动指数下降外，全年整体位于 51% 以上扩张区间，一至四季度第三产业用电量同比增速分别为 28.2%、23.6%、13.1% 和 9.4%；全年用电量同比增长 17.8%，增速较 2020 年提高 15.9 个百分点，对全社会用电增长的贡献率为 27.6%，拉动全社会用电增长 2.9 个百分点。

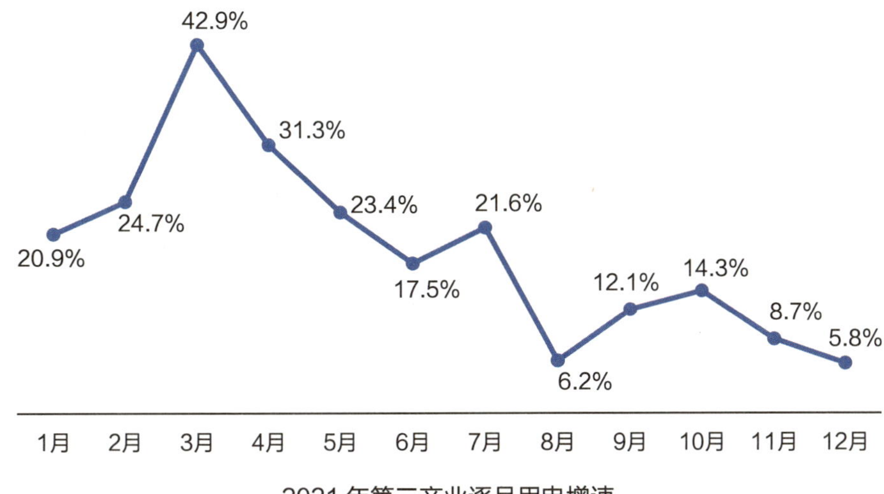

2021 年第三产业逐月用电增速

数据来源：《电力工业统计资料汇编》（2021 统计快报）

5. 居民生活用电

居民生活用电
↑ 7.3%

受疫情影响，2021 年全年居民居家时间仍较长，一至四季度居民生活用电量同比增速分别为 4.7%、4.2%、11.3% 和 8.1%，使得 2021 年居民生活用电量实现 7.3% 的快速增长，较上年同期提高 0.4 个百分点，对全社会用电增长的贡献率为 10.2%，拉动全社会用电增长 1.1 个百分点。

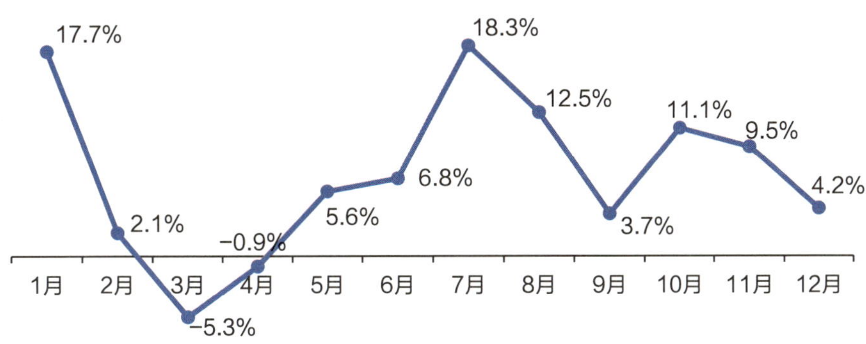

2021 年居民生活逐月用电增速

数据来源：《电力工业统计资料汇编》（2021 统计快报）

1.3 分地区用电量

2021 年，广东、山东、江苏、浙江、河北 5 省全社会用电量分列全国前五位，5 省用电量合计 32159 亿千瓦时，用电占比为 38.7%，与上年基本持平。

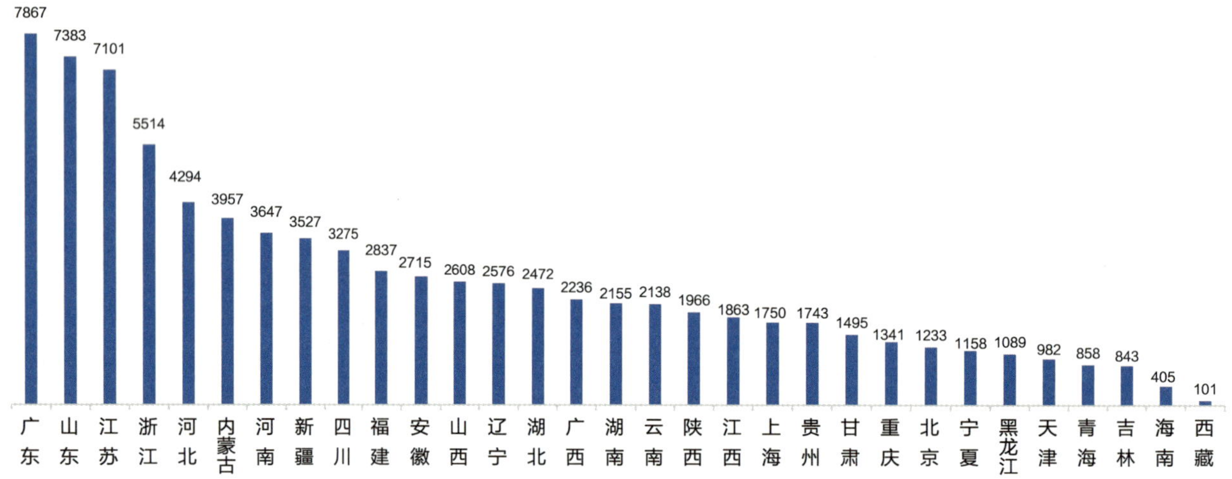

2021 年全国分地区用电量（亿千瓦时）

数据来源：《电力工业统计资料汇编》（2021 统计快报）

2021 年，在疫情得到有效防控情况下，各地区经济快速恢复，带动各地全社会用电量均保持正增长。受上半年高载能行业和三产用电量增速快速回升带动，2021 年西藏、四川、新疆、青海、云南、广西、陕西等西部地区，福建、安徽、广东、浙江等东部地区近两年平均保持 8% 以上的快速增长。受下半年能耗双控与“两高”项目管控政策影响，云南、内蒙古等地区全年全社会用电量增速较 2020 年分别下降 6.2 个、5.3 个百分点。

2021 年全国分地区用电量增速（%）

数据来源：《电力工业统计资料汇编》（2021 统计快报）

2 未来三年电力需求预测

2.1 第一产业用电预测

2021 年中央经济工作会议强调，要把提高农业综合生产能力放在更加突出的位置，持续推进高标准农田建设，提高农机装备水平。2022 年中央一号文件《中共中央国务院关于做好 2022 年全面推进乡村振兴重点工作的意见》提出要强化现代农业基础支撑，加快发展设施农业，同时聚焦产业促进乡村发展、扎实稳妥推进乡村建设。随着农业规模化发展水平的逐步提高与农网改造的进一步深入推进，农村生产电气化水平将稳步提升，带动第一产业用电量保持平稳快速增长。

2.2 高载能行业用电预测

1. 钢铁行业

工信部、国家发改委、生态环境部 2022 年 1 月出台《关于促进钢铁工业高质量发展的指导意见》提出，要优化产业布局结构，有序发展电炉炼钢，力争到 2025 年电炉钢产量占粗钢总产量比例提升至 15% 以上，吨钢综合能耗降低 2% 以上。为构建钢铁行业高质量发展格局，未来三年钢铁行业将严格实施产能置换，深入推进绿色低碳，严控能源消费总量与能耗水平，持续推进电能替代，着力提高电力消费比重。同时，为“稳字当头、稳中求进”开展经济工作，2022 年我国将适度超前开展基础设施投资，推进新型基础设施建设，积极推进区域重大战略和新型城镇化建设，为钢铁行业稳定发展提供一定支撑。综合上述因素，预计未来三年钢铁行业用电量将保持低速增长，逐年用电增速将明显放缓。

2. 有色行业

在坚决遏制高耗能、高排放、低水平项目盲目发展政策下，有色行业将严控新增产能，严格推进产能替代，持续优化产业结构，同时受资源紧缺、环境压力等因素影响，有色金属产量增速将逐渐回落，保持平稳发展态势。从需求侧看，建筑、交通、电力、机械等有色金属下游行业的稳定高质量发展将带动色金属需求保持平稳增长，其中新能源汽车、新能源发电等行业的快速发展是推动有色金属需求增长的重要力量。预计未来三年有色行业用电量将保持低速增长，用电量增速呈下降趋势。

3. 建材行业

建材行业产业规模大、过程排放高、能源结构偏煤，其能源消费量和碳排放量位居工业行业前列。根据《高耗能行业重点领域节能降碳改造升级实施指南（2022 年）》，水泥、平板玻璃、建筑卫生陶瓷制造业作为建材传统窑炉工业，是实施节能降碳的重点领域。为实现 2025 年能效基准水平以下产能基本清零目标，上述产业将加快推动产业升级改造和转型，促进低效产能加快退出，持续优化产业结构和产业布局，同时不断优化用能结构，着力提升清洁能源消费比重，拉动建材行业电能消费比重逐步上升。另一方面，从需求侧看，政府工作报告提出，2022 年我国将围绕国家重大战略部署和“十四五”规划适度超前开展基础设施投资，有力支撑建材行业相关产品需求，同时风电、光伏的快速发展也将带动太阳能用玻璃、玻璃纤维制品等上游产业产能稳定增长。预计未来三年建材行业用电量将保持低速增长，增速呈逐年下降趋势。

4. 化工行业

2021 年，受内需逐步复苏、外需快速增长驱动，化工行业景气水平较高，用电量呈中速增长。未来，随着化工行业节能降碳的深入推进，相关产业的高能耗、高污染、低附加值落后产能将逐步退出，带动行业总体能耗水平逐步下降。另一方面，受新能源汽车、光伏玻璃、电储能等新兴制造业的产能快速扩张影响，产业链上游相关化工产品需求量呈上升趋势，对化工行业用电需求具有一定拉动作用。综合上述因素，预计未来三年化工行业用电量呈低速增长趋势。

双碳目标下，我国将大力推进钢铁、有色、建材、化工等行业节能降碳，坚决遏制高耗能、高排放、低水平项目盲目发展，并推动能耗“双控”向碳排放总量和强度“双控”转变。为确保双碳战略目标如期实现，当前工信部联合发展改革委等部门共同编制了钢铁、有色金属、建材以及石化化工等行业的碳达峰实施方案，明确重点行业碳减排实施路径和具体任务安排。未来，随着相关实施方案的陆续发布，高载能产业低端产能的无序发展将受到严格限制，对相关行业发展产生深刻影响。另一方面，我国城市化水平的不断提高和新基建政策将带动高载能产业相关产品需

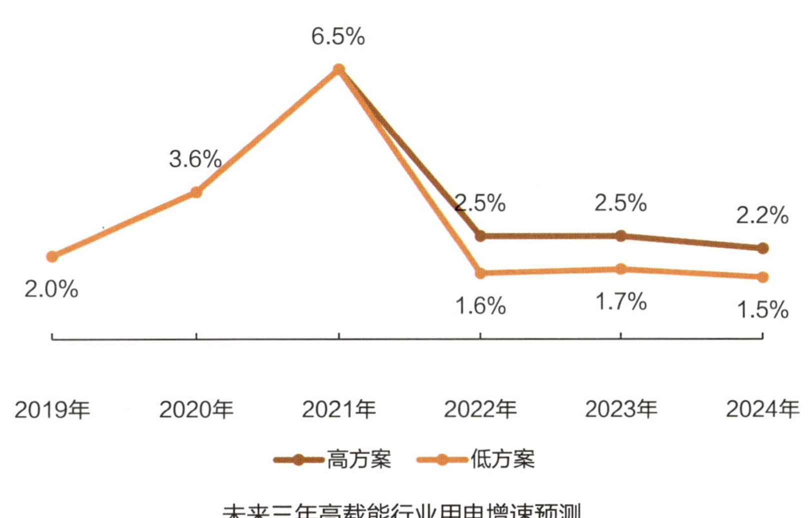

未来三年高载能行业用电增速预测

求保持增长趋势，电能替代的深入推进也将在一定程度上支撑相关行业的用电增长。综合上述因素，考虑 2022 年上半年我国多发散发疫情对经济和工业生产的影响，未来三年高载能行业用电量增速将明显下滑，预计 2022 年为 1.6%~2.5%，2023 年为 1.7%~2.5%，2024 年为 1.5%~2.2%。

2.3 非高载能第二产业用电预测

2021 年，面对复杂严峻的国内外形势和诸多风险挑战，我国统筹疫情防控和经济社会发展，较好完成了全年主要目标任务，实现“十四五”良好开局。2021 年我国经济结构和区域布局继续优化，高技术制造业增加值快速增长，产业链韧性得到提升。未来，我国将继续深化供给侧结构性改革，加快推动第二产业自身结构的转型升级，推动制造业由传统高能耗、低附加值产业向低能耗、高附加值、高技术的装备制造业和战略性新兴产业方向转型发展，提升制造业核心竞争力。同时，为进一步提振工业经济，2022 年我国将启动一批产业基础再造工程项目，促进传统产业升级，大力推进智能制造，加快发展先进制造业集群，推动制造业强链补链，引导制造业向高端化、智能化、绿色化转型，推动产业向中高端迈进。综合上述因素，预计未来三年非高载能第二产业呈快速发展趋势。考虑 2022 年上半年我国多发散发疫情对经济和工业生产的影响，2022 年非高载能第二产业用电量将保持中低速增长，2023 年用电增速将有所回升。

预计非高载能第二产业用电增速 2022 年为 3.5%~4.6%，2023 年 为 4.3%~5.4%，2024 年为 4.0%~4.9%。

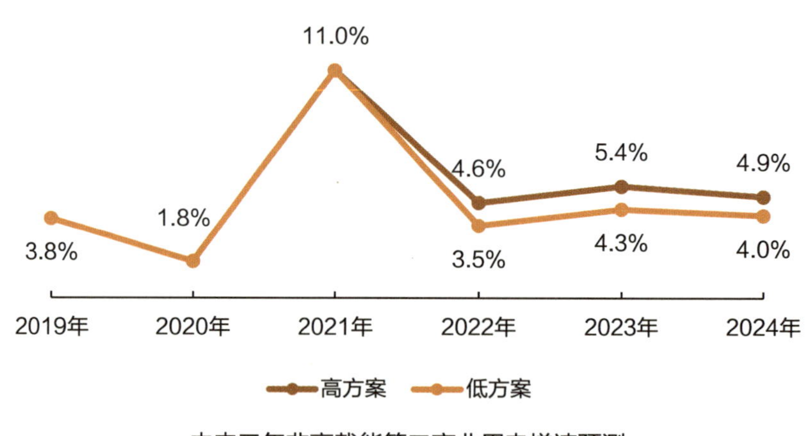

未来三年非高载能第二产业用电增速预测

2.4 第三产业用电预测

为促进我国经济长期保持平稳较快发展，2022 年我国将实施新的减税降费政策，强化对中小微企业、个体工商户等的支持力度，引导金融机构加大对实体经济特别是小微企业、科技创新、绿色发展的支持，实施扩大内需战略，增强发展内生动力。在国家一系列政策扶持下，预计生产性服务业将保持快速增长趋势；生活性服务业、特别是线下消费在散发疫情因素影响下增长情况存在一定不确定性，但考虑互联网消费仍将保持强劲增长势头，预计生活性服务业总体将保持快速增长。综合上述因素，考虑2022年上半年多发散发疫情对交通运输、餐饮、旅游等行业造成的短时冲击，预计2022年第三产业用电增速将显著下滑，2023年有望恢复快速增长。

预计第三产业用电增速2022年为2.2%~3.7%，2023年为5.5%~6.9%，2024年为5.0%~6.3%。

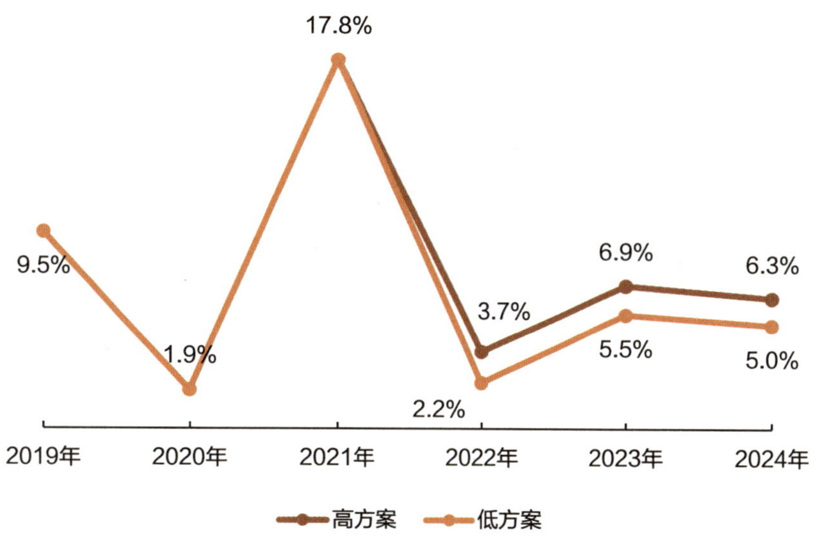

未来三年第三产业用电增速预测

2.5 居民生活用电预测

未来三年，我国将持续推进新型城镇化，着力提升新型城镇化质量，有序推进城市更新，再开工改造一批城镇老旧小区，加装电梯等设施，带动城镇化电气化水平进一步提升。同时，在城乡协调发展政策下，我国将启动乡村建设行动，加强水电路气信邮等基础设施建设，推动乡村居民生活水平不断提高。另一方面，为推动消费持续恢复，2022年政府工作报告提出，鼓励地方开展智能家电下乡和以旧换新，有助于提高家庭电气化率，拉动居民用电量稳定增长。综合上述因素，预计未来三年居民生活用电量将保持中高速增长，其中，2022年受上半年我国多发散发疫情影响，城乡居民居家时间延长，居民生活用电增速有所提高。

预计居民生活用电增速2022年为8.3%~10.9%，2023年为5.2%~6.5%，2024年为4.8%~6.0%。

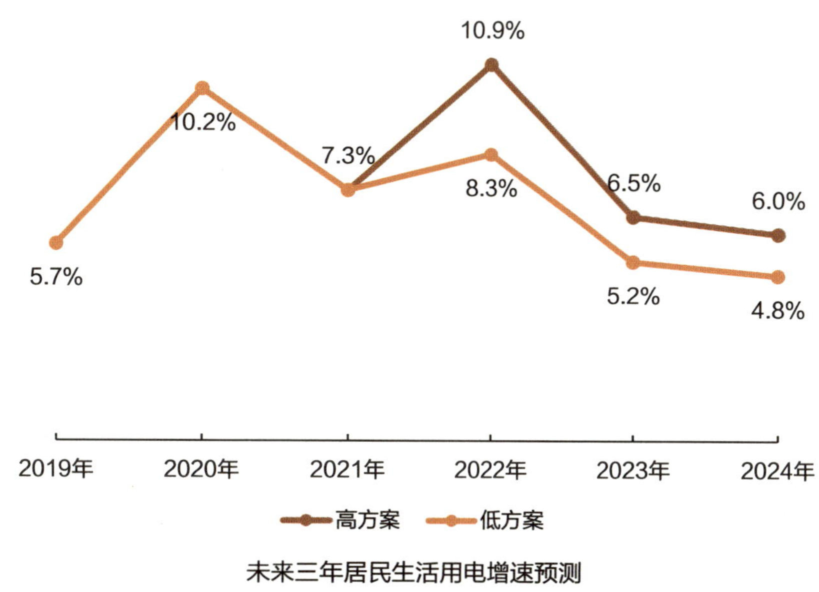

未来三年居民生活用电增速预测

2.6 全国用电需求预测

未来三年用电增速高方案

2022 年
↑ 4.8%

2023 年
↑ 5.1%

2024 年
↑ 4.7%

结合未来三年经济和用电发展趋势预测：

高方案，2022 年，全社会用电同比增长 4.8%，用电量达 8.7 万亿千瓦时，用电结构为 1.3：26.7：40.2：16.9：14.9；2023 年，全社会用电同比增长 5.1%，用电量达 9.2 万亿千瓦时，用电结构为 1.4：26.0：40.3：17.2：15.1；2024 年，全社会用电同比增长 4.7%，用电量达 9.6 万亿千瓦时，用电结构为 1.5：25.4：40.4：17.5：15.3。

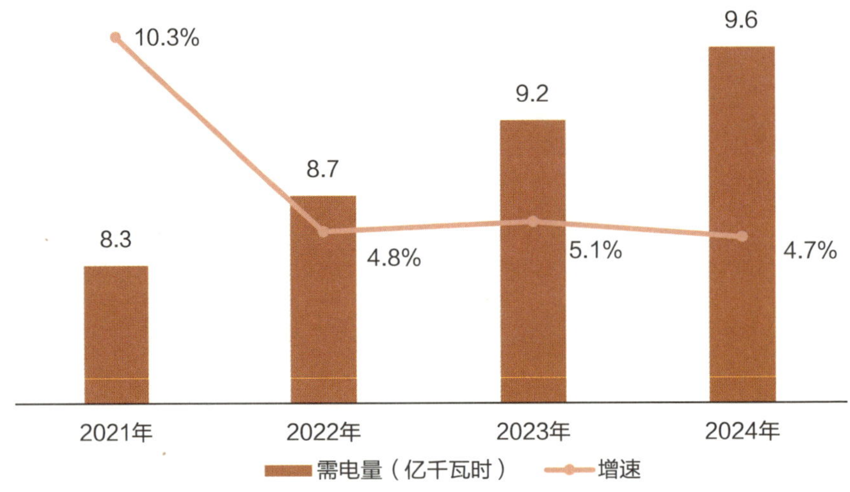

2022~2024 年全国需电量预测结果（高方案）

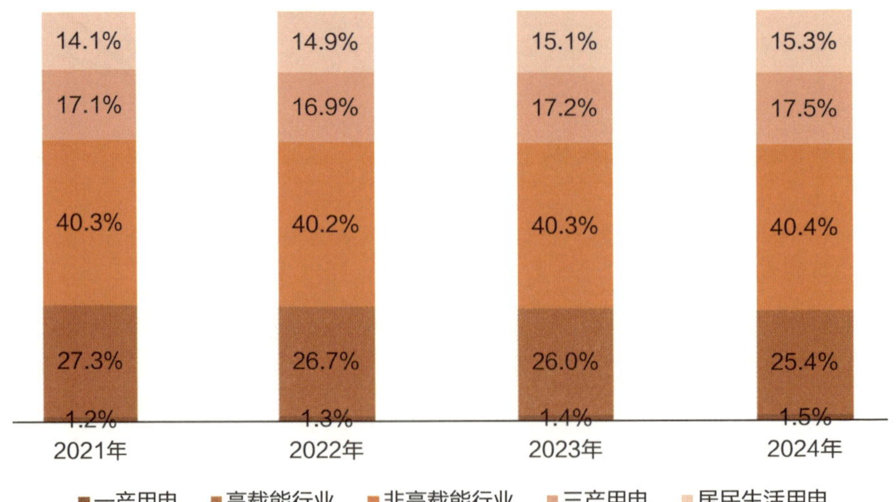

2022~2024 年全国用电结构预测结果（高方案）

低方案，2022 年，全社会用电量同比增长 3.5%，用电量达 8.6 万亿千瓦时，用电结构为 1.3∶26.8∶40.3∶16.9∶14.8；2023 年，全社会用电同比增长 4.0%，用电量达 8.9 万亿千瓦时，用电结构为 1.3∶26.2∶40.4∶17.1∶15.0；2024 年，全社会用电同比增长 3.7%，用电量达 9.3 万亿千瓦时，用电结构为 1.4∶25.6∶40.5∶17.4∶15.1。

未来三年用电增速低方案

2022 年
↑ 3.5%

2023 年
↑ 4.0%

2024 年
↑ 3.7%

9.3
10.3%
8.9
8.6
8.3
3.5%
4.0%
3.7%
2021年 2022年 2023年 2024年
需电量（亿千瓦时） 增速

2022~2024 年全国需电量预测结果（低方案）

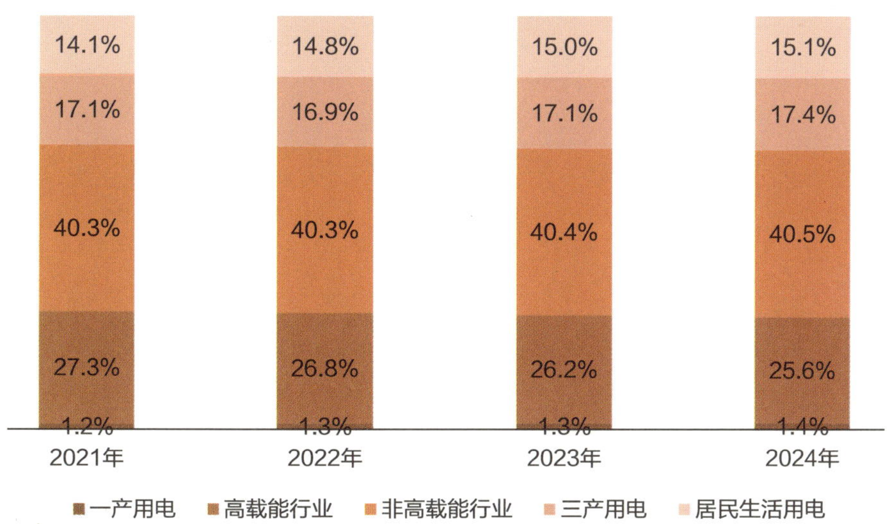

2022~2024 年全国用电结构预测结果（低方案）

三 电源发展

Power Generation Development

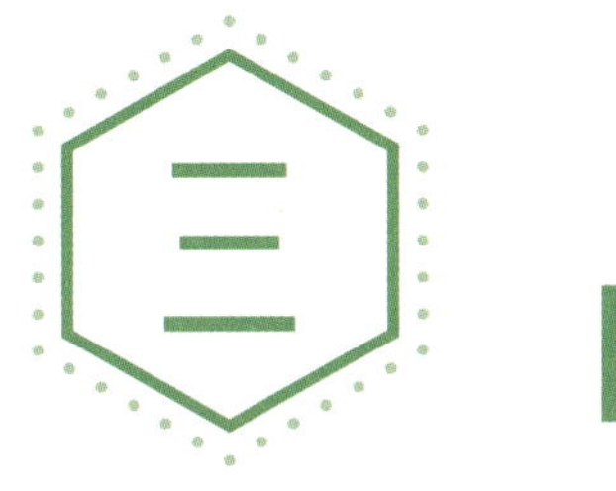

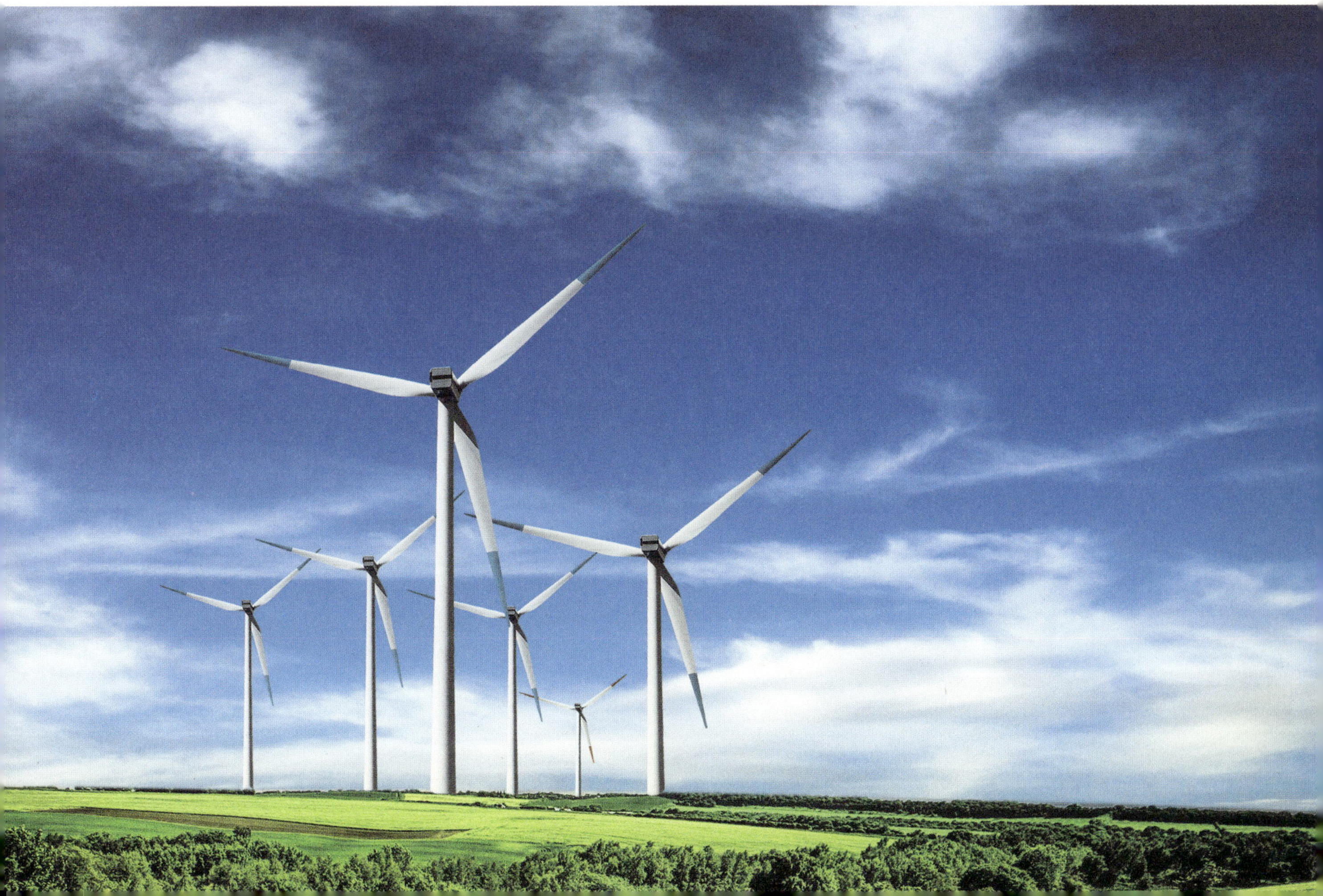

1 水电

1.1 2021 年发展概况

1. 常规水电

常规水电装机增速继续增长

常规水电装机
↑ 4.7%

总装机
35483 万千瓦

截至 2021 年底，常规水电装机容量达到 35483 万千瓦，约占我国电源总装机的 14.9%，占非化石电源装机的 31.7%。2021 年，常规水电装机容量同比增长 4.7%，高于“十三五”期间常规水电装机容量年均增速 1.9 个百分点。

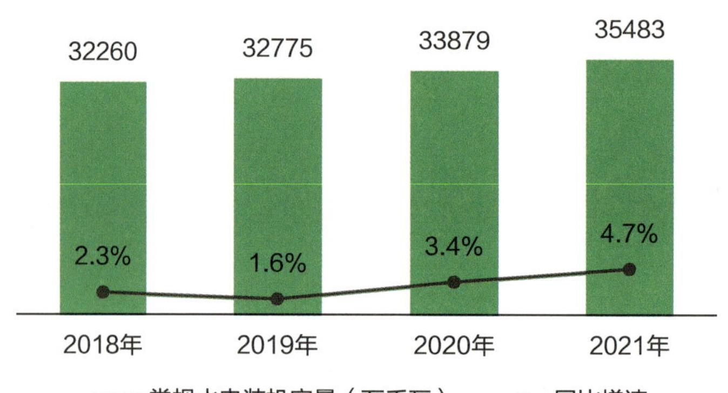

2018~2021 年我国常规水电装机容量及同比变化

数据来源：《电力工业统计资料汇编》（2018、2019、2020、2021 统计快报）

截至 2021 年底，四川、云南、湖北、贵州、广西、湖南、福建、青海八省（区）常规水电装机容量超过 1000 万千瓦，占我国常规水电总装机容量的 79.6%。其中，四川、云南两省水电装机容量占全国常规水电总装机比重为 47.1%，较去年同期提升 1.5% 左右。

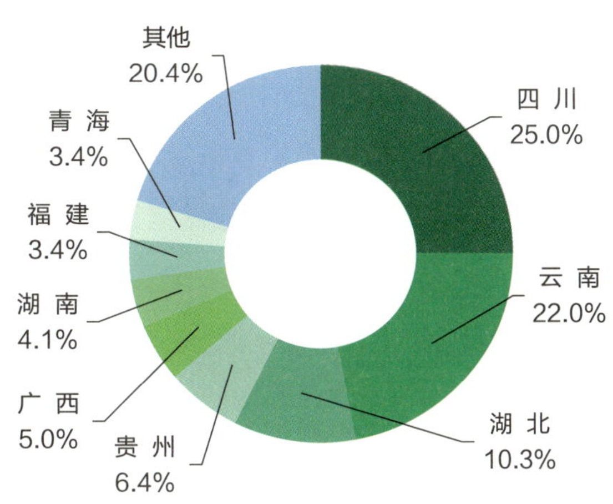

2021 年分地区常规水电装机容量占比

数据来源：《电力工业统计资料汇编》（2021 统计快报）

2021 年我国分地区常规水电装机容量（万千瓦）

数据来源：《电力工业统计资料汇编》（2021 统计快报）

根据最新水力资源普查结果，我国水能资源技术可开发量为 6.87 亿千瓦。至 2021 年底我国四川、云南两省水力资源开发程度分别为 53.2%、64.4%。西藏自治区水力资源开发程度仅为 1.2%，水力资源开发潜力巨大。我国其他地区水力资源平均开发程度为 87.1%。

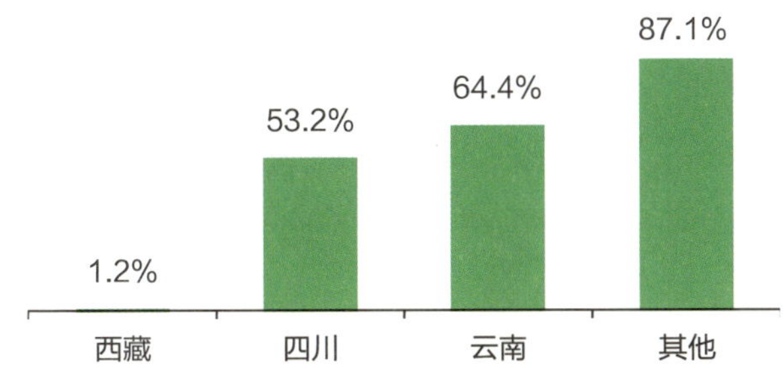

2021 年我国分地区水力资源开发程度

数据来源：《电力工业统计资料汇编》（2021 统计快报）、国家能源局

常规水电发电量小幅下降

常规水电发电量同比下降
1.6%

占电源总发电量
15.5%

2021 年，我国常规水电发电量 13011 亿千瓦时，同比下降 1.6%，其中四川、云南两省常规水电发电量占我国常规水电发电量的 51.9%。受来水偏枯影响，我国水电设备平均利用小时同比降低 203 小时至 3622 小时。2021 年，我国常规水电发电量约占我国电源总发电量的 15.5%；常规水电发电量占非化石电源发电量的比重为 44.9%，首次降至一半以下，同比降低 6.2 个百分点。

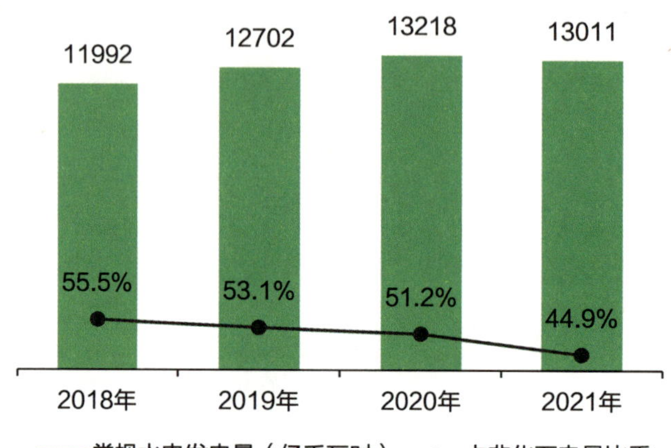

2018~2021 年我国常规水电发电量

数据来源：《电力工业统计资料汇编》（2018、2019、2020、2021 统计快报）

2021 年，全国主要流域水能利用率约 97.9%，同比提高 1.5 个百分点；弃水电量约 175 亿千瓦时，较去年同期减少 149 亿千瓦时，全国弃水电量同比减少约 49%。

2. 抽水蓄能电站

抽水蓄能电站装机增速大幅上升

抽水蓄能装机
↑ 16.5%

总装机
3669 万千瓦

截至 2021 年底，我国抽水蓄能装机容量为 3669 万千瓦，约占我国电源总装机容量的 1.6%，占非化石电源装机容量的 3.3%。2021 年新增抽水蓄能装机 520 万千瓦，增速为 16.5%，高于“十三五”期间抽水蓄能装机年均增速 10.1 个百分点。

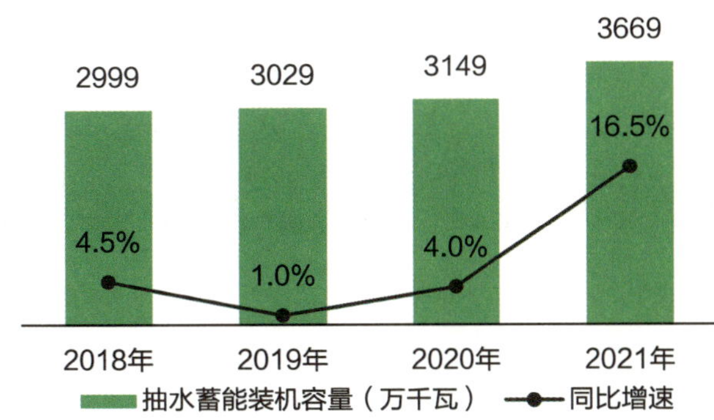

2018~2021 年我国累计抽水蓄能装机容量及同比变化

数据来源：《电力工业统计资料汇编》（2018、2019、2020、2021 统计快报）

截至 2021 年底，我国中东部及南方地区抽水蓄能装机容量 2708 万千瓦，占我国抽水蓄能总装机容量约 73.8%。其中，广东、浙江两省抽水蓄能电站装机容量合计 1361 万千瓦，占我国抽水蓄能电站总装机容量的 37.1%。2021 年，东北地区和华北地区抽水蓄能电站装机占总抽水蓄能电站装机比重分别同比增长 3.0 个和 0.8 个百分点，华中和南方地区分别回落 2.2 个和 1.6 个百分点。

抽水蓄能电站主要集中在中东部及南方地区

中东部及南方地区占全国抽水蓄能总装机

73.8%

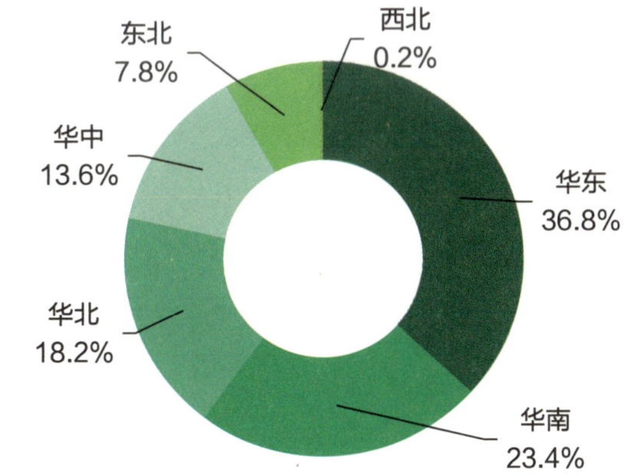

2021 年分区域累计抽水蓄能装机容量占比

数据来源：《电力工业统计资料汇编》（2021 统计快报）

2021 年我国分地区抽水蓄能装机容量（万千瓦）

数据来源：《电力工业统计资料汇编》（2021 统计快报）

2021 年投产的抽水蓄能电站

省份	电站名称	单机容量（万千瓦）	投产时间
河北	丰宁抽蓄 1 号	30	2021 年 12 月
	丰宁抽蓄 10 号	30	2021 年 12 月
吉林	敦化抽蓄 1 号	35	2021 年 6 月
	敦化抽蓄 2 号	35	2021 年 10 月
	敦化抽蓄 3 号	35	2021 年 12 月
黑龙江	荒沟抽蓄 1 号	30	2021 年 12 月
浙江	长龙山抽蓄 1 号	35	2021 年 6 月
	长龙山抽蓄 2 号	35	2021 年 9 月
	长龙山抽蓄 3 号	35	2021 年 12 月
安徽	绩溪抽蓄	30	2021 年 2 月
福建	周宁抽蓄 1 号	30	2021 年 12 月
	周宁抽蓄 2 号	30	2021 年 12 月
山东	沂蒙抽蓄 1 号	30	2021 年 10 月
	沂蒙抽蓄 2 号	30	2021 年 10 月
广东	阳江抽蓄 1 号	40	2021 年 12 月
	梅州抽蓄 1 号	30	2021 年 11 月

1.2 未来三年发展展望

1. 常规水电

未来三年全国新增常规水电主要集中在川滇两省

常规水电新增装机约
2200 万千瓦

未来三年我国常规水电预计新增装机约 2200 万千瓦。其中，四川、云南两省新增水电装机达 1700 万千瓦。重点水电项目有：白鹤滩水电站、苏洼龙水电站、黄河羊曲水电站、双江口水电站、硬梁包水电站、托巴水电站等。

白鹤滩水电站

白鹤滩水电站位于四川省宁南县和云南省巧家县的金沙江下游干流河道上，电站装机容量 1600 万千瓦（100 万千瓦 ×16 台），多年平均发电量约 624.4 亿千瓦时。截至 2021 年 12 月底，已有 8 台机组投产发电，2022 年 7 月全部机组投产发电。

白鹤滩水电站

图片来源：https://www.sohu.com/na/469649499_267106

苏洼龙水电站

苏洼龙水电站位于金沙江上游河段四川巴塘县和西藏芒康县的界河上，电站装机容量 120 万千瓦，多年平均发电量约 54.3 亿千瓦时。预计 2022 年底前全部机组投运。

苏洼龙水电站

图片来源：https://www.sohu.com/a/436502026_752254

黄河羊曲水电站

黄河羊曲水电站位于青海省海南州兴海县与贵南县交界处，电站装机容量 120 万千瓦，多年平均发电量约 49 亿千瓦时。2021 年 12 月正式开工建设，预计 2024 年 7 月首台机组投产发电。

黄河羊曲水电站

图片来源：http://news.sxrb.com/GB/314089/9800137.html

双江口水电站

双江口水电站位于四川省大渡河上源足木足河与绰斯甲河汇口处以下 2 公里处河段，电站装机容量 200 万千瓦，多年平均发电量约 83.41 亿千瓦时。预计 2023 年首批机组投产发电，2024 年下半年全部机组投运。

双江口水电站

图片来源：http://news.sxrb.com/GB/314089/9800137.html

硬梁包水电站

硬梁包水电站位于四川省泸定境内大渡河中游泸定至铜街子段，电站装机容量 112 万千瓦，单独运行多年平均年发电量 52.28 亿千瓦时。预计 2024 年首批机组投产发电。

硬梁包水电站

图片来源：http://www.scslfd.com/go.htm?k=si_chuan_shui_dian_xiang_mu&url=details&id=8783

托巴水电站

托巴水电站位于云南省迪庆州维西县中路乡境内，是澜沧江上游梯级西电东送的骨干工程之一，电站装机容量 140 万千瓦，多年平均发电量约 63.7 亿千瓦时。预计最快 2024 年首批机组投产发电，2025 年全部机组投运。

托巴水电站

图片来源：http://static.jingjiribao.cn/static/jjrbrss/rsshtml/20200330/243688.html

2. 抽水蓄能电站

未来三年我国抽水蓄能电站新增装机容量预计达到 1785 万千瓦。重点项目有：荒沟抽水蓄能电站、长龙山抽水蓄能电站、文登抽水蓄能电站、丰宁抽水蓄能电站等。

荒沟抽水蓄能电站

荒沟抽水蓄能站位于黑龙江省牡丹江市海林市三道河子乡，安装 4 台单机容量 30 万千瓦可逆式水泵水轮机组，2021 年 1 号、2 号机组投产发电，预计 2022 年底前实现全部投产。

荒沟抽水蓄能电站

长龙山抽水蓄能电站

长龙山抽水蓄能电站位于浙江省安吉县天荒坪镇和山川乡境内，安装6台单机容量35万千瓦可逆式水泵水轮机组，2022年6月底全部机组投产发电。

长龙山抽水蓄能电站

丰宁抽水蓄能电站

丰宁抽水蓄能电站位于河北省承德市丰宁满族自治县境内，紧邻京津冀负荷中心和冀北千万千瓦级新能源基地。电站安装12台单机容量30万千瓦机组，总装机规模360万千瓦，年设计发电量66.12亿千瓦时，年抽水电量87.16亿千瓦时。2021年12月30日首批机组（1号、10号）投产发电，计划2024年实现全部机组投产运行。

丰宁抽水蓄能电站

文登抽水蓄能电站

文登抽水蓄能电站位于山东省威海市文登区界石镇境内。电站装机容量180万千瓦，年发电量26.28亿千瓦时，年抽水用电量35.04亿千瓦时。预计2023年首台机组投产发电，2024年实现全部投产。

文登抽水蓄能电站

2 风电

2.1 2021 年发展概况

风电新增装机保持高速增长

风电装机
↑ 16.6%

总装机
32848 万千瓦

截至 2021 年底，全国累计并网风电装机 32848 万千瓦，同比增长 16.6%，占全国电源总装机容量 13.8%，占非化石电源装机容量 29.4%。全年新增风电装机 4757 万千瓦，达到历史第二高水平，整体维持高速发展的趋势。

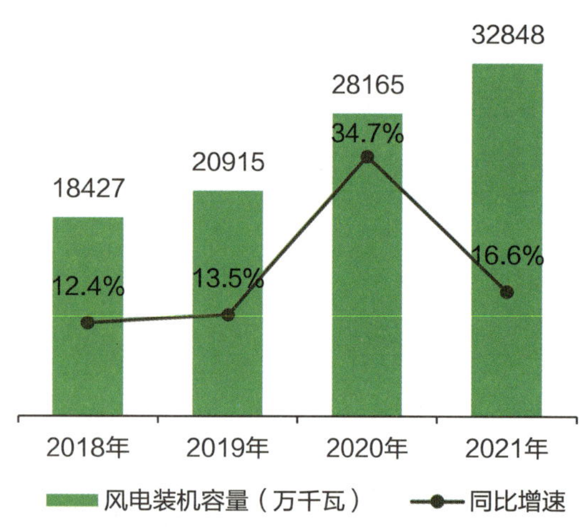

2018~2021 年全国风电装机容量及同比变化

数据来源:《电力工业统计资料汇编》(2018、2019、2020、2021 统计快报)

海上风电发展呈爆发式增长态势

海上风电装机规模
↑ 194%

海上风电装机
2639 万千瓦

由于 2022 年起新增海上风电项目不再纳入中央财政补贴范围，受此影响，2021 年全国海上风电新增并网装机 1690 万千瓦，同比增加 445%，累计并网装机达 2639 万千瓦，同比增加 194%，呈爆发式增长态势，海上风电累计装机规模跃居世界第一位。截至 2021 年底，全国海上风电主要集中在华东地区的沿海省份，合计占全国海上风电装机的 67.6%，其中，江苏省海上风电并网装机占全国海上风电装机约 44.8%。南方地区仅广东开发了海上风电项目，累计装机占全国海上风电装机的 24.6%。其余 7.8%，分布在辽宁、山东、河北、天津。

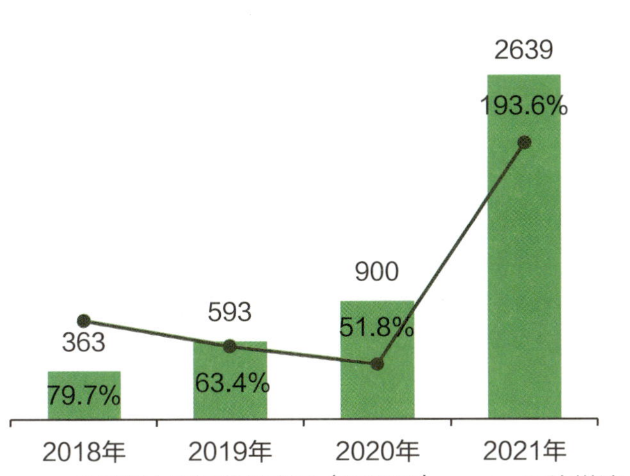

2018~2021 年全国海上风电装机容量及同比变化

数据来源：国家能源局

截至 2021 年底，华北和西北地区风电累计装机占比达到 49.8%，同比降低 3.2 个百分点。东北地区风电累计装机占比为 13.7%，同比降低 0.7 个百分点。2021 年，华中、华东、南方地区合计新增并网风电装机占全国新增并网风电装机容量比重达 61.3%，同比提升 21 个百分点，华中、华东、南方地区累计并网风电装机占比 36.5%，同比提升 4.1 个百分点。

截至 2021 年底，内蒙古、河北、新疆、江苏、山西、山东、河南、甘肃、宁夏、广东、辽宁、陕西十二省（区）并网风电装机均超 1000 万千瓦，合计占全国风电总装机容量的 71.8%。

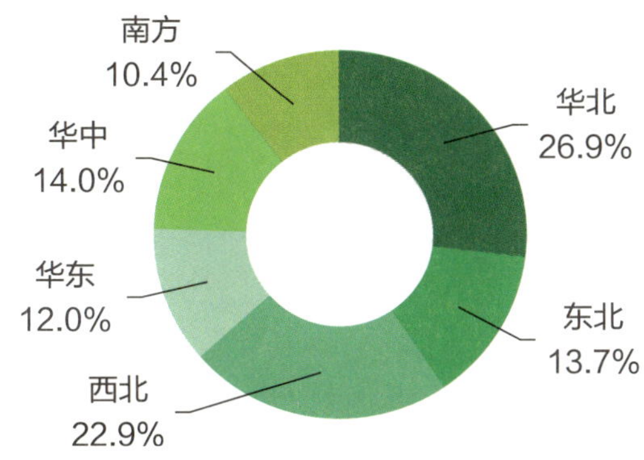

2021 年全国分区域并网风电装机容量占比

数据来源：《电力工业统计资料汇编》（2021 统计快报）

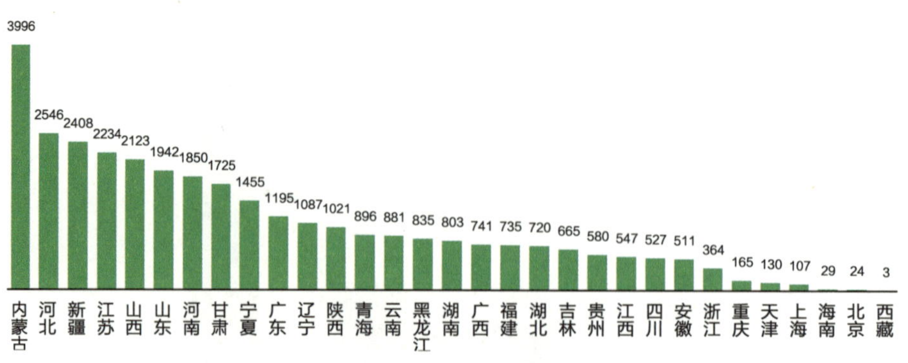

2021 年全国分地区并网风电装机容量（万千瓦）

数据来源：《电力工业统计资料汇编》（2021 统计快报）

风电新增发电量占非化石能源发电量增量比重大幅上升

风电发电量
↑ 40.5%

2021 年，全国风电年累计利用小时数为 2246 小时，同比提高 148 小时；全年风电发电量达到 6556 亿千瓦时，同比增长 40.5%，占全国总发电量约 7.8%，占非化石电源发电量约 22.6%。

2021 年，全国风电发电量同比增加 1891 亿千瓦时，占非化石电源发电量增量的比重约 60.8%，风电对非化石电量增长贡献较上年提升 29 个百分点。

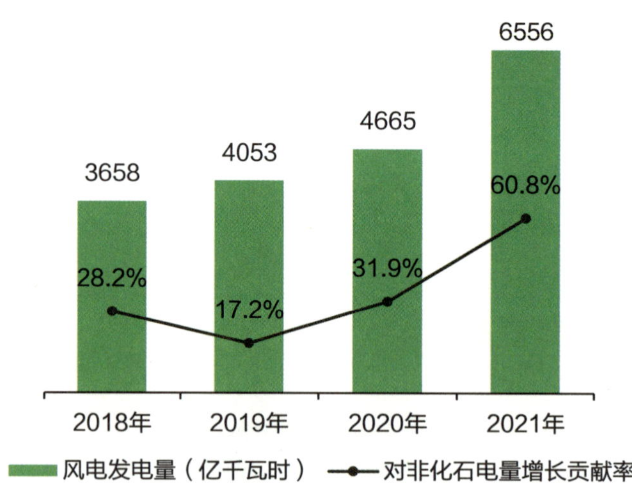

2018~2021 年全国风电发电量及对非化石电量增长的贡献率

数据来源：《电力工业统计资料汇编》（2018、2019、2020、2021 统计快报）

风电利用率进一步提升

2021 年，全国弃风电量合计 206 亿千瓦时，较上年增加 40 亿千瓦时；平均弃风率为 3.1%，同比下降 0.4 个百分点。湖南、新疆风电利用率为 99.0% 和 92.7%，分别较上年提升 4.5 个、3.0 个百分点。青海风电利用率为 89.3%，较上年降低 6 个百分点，是全国唯一风电利用率低于 90% 的地区。

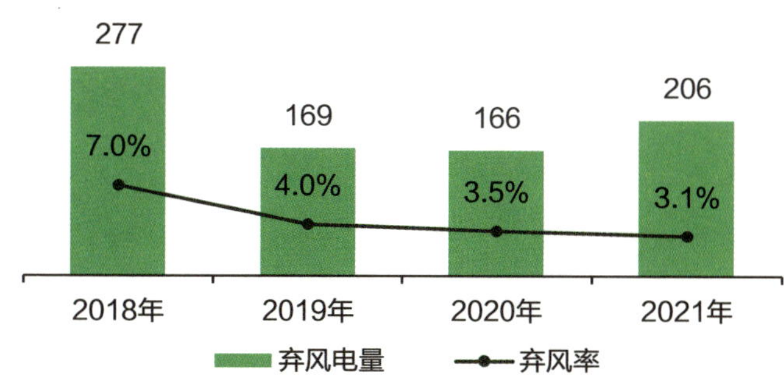

2018~2021 年全国弃风电量及弃风率

数据来源：国家能源局

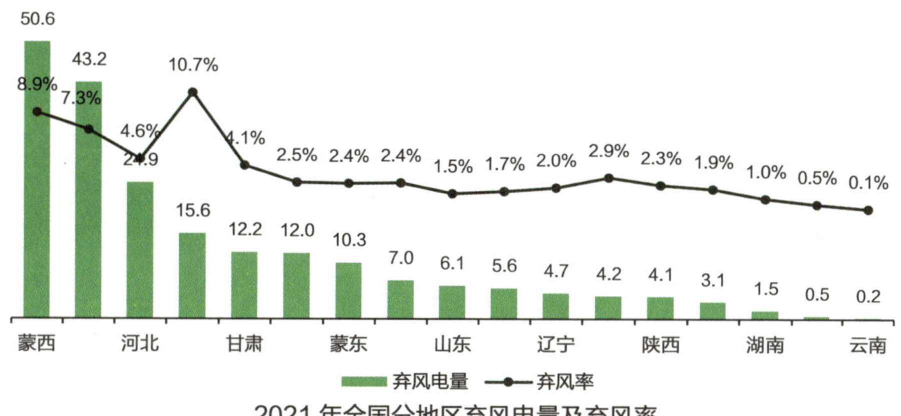

2021 年全国分地区弃风电量及弃风率

数据来源：国家能源局

2.2 未来三年发展展望

风电迎来高质量跃升发展新阶段。2022 年 3 月 22 日，国家发改委、能源局发布《关于印发〈“十四五”现代能源体系规划〉的通知》(发改能源〔2022〕210 号)，提出“大力发展非化石能源，加快发展风电，全面推进风电大规模开发和高质量发展，优先就地就近开发利用，加快负荷中心及周边地区分散式风电建设，加快推进以沙漠、戈壁、荒漠地区为重点的大型风电光伏基地项目建设，鼓励建设海上风电基地，推进海上风电向深水远岸区域布局”。预计未来三年，随着大型风电光伏基地、多能互补清洁能源基地和海上风电基地的建设，相关技术不断成熟、设备不断升级，风电发展呈现高质量跃升发展的态势。

地方政府补贴力度决定海上风电发展规模。《“十四五”现代能源体系规划》，提出“统筹推动海上风电规模化开发，积极推进东南部沿海地区海上风电集群化开发，重点建设广东、福建、浙江、江苏、山东等海上风电基地"，为"十四五"期间海上风电的发展指明了整体方向。2022年起新增海上风电不再纳入中央财政补贴范围，海上风电平价上网一方面对海上风电投资产生影响，另一方面也将有效促进海上风电设备的研发和创新，推动海上风电项目向大规模、集约化方向发展。海上风电正值关键成长期，国家补贴退出后，将由地方按照实际情况予以支持和补贴，地方政府的支持和补贴力度将直接影响海上风电的发展规模。目前广东、浙江、山东等地均出台了不同力度的海上风电补贴措施，有望推动海上风电进一步发展。

3 太阳能发电

3.1 2021 年发展概况

1. 光伏发电

截至 2021 年底，全国光伏装机容量达 30599 万千瓦，较上年增长 20.7%，光伏发电装机占全国电源总装机容量达 12.9%，占非化石电源装机容量达 28.3%。全年光伏发电新增并网装机 5488 万千瓦，新增装机较上年增长 11.7%。

光伏发电装机保持快速增长

光伏装机
↑ 20.7%

总装机
30599 万千瓦

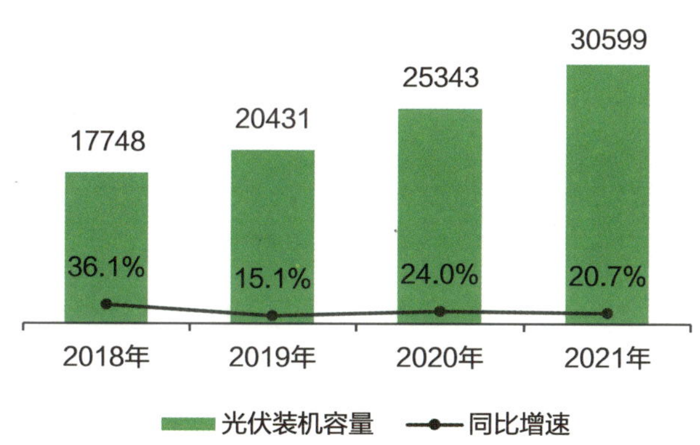

2018~2021 年全国光伏装机容量及同比变化

数据来源:《电力工业统计资料汇编》(2018、2019、2020、2021 统计快报)

2021 年，华中、华东和南方地区合计新增并网光伏装机 2451.2 万千瓦，占全国新增并网光伏装机容量的 44.7%，较 2020 年提高了 8.7%。"三北"地区新增并网光伏装机占全国新增并网光伏装机容量的 55.3%。截至 2021 年底，三北地区累计并网光伏装机占比 57.3%，较 2020 年下降了 0.2 个百分点。

中东部及南方地区新增光伏装机占比有所提升

中东部及南方地区新增光伏装机占比
↑ 8.7%

截至 2021 年底，山东和河北省的光伏装机超过 2000 万千瓦，江苏、浙江、安徽、青海、河南、山西、内蒙古、宁夏、新疆、陕西、贵州、甘肃、广东十三省（区）光伏装机均超过 1000 万千瓦，合计占全国光伏装机的 82.0%。

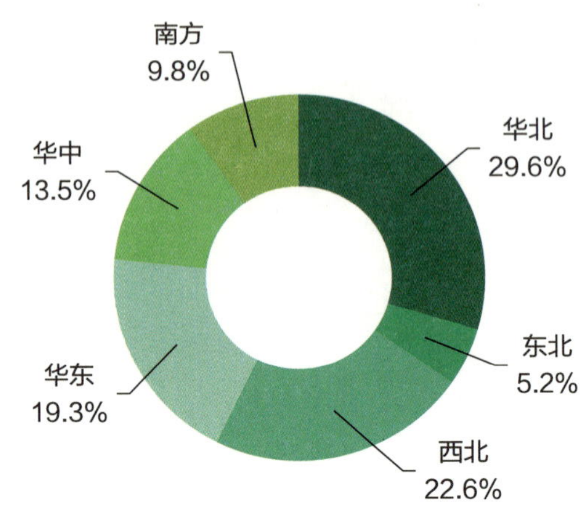

2021 年全国分区域光伏装机容量占比

数据来源：《电力工业统计资料汇编》（2021 统计快报）

2021 年全国分地区光伏装机容量（万千瓦）

数据来源：《电力工业统计资料汇编》（2021 统计快报）

光伏发电量大幅增加

光伏发电量

↑ 25.2%

2021 年，全国光伏平均利用小时数 1163 小时，与 2020 年基本持平；全年光伏发电量 3270 亿千瓦时，较上年增长 25.2%，占全国总发电量的 3.9%，占非化石电源发电量的 11.9%。

2021 年全国光伏发电量大幅提升，较上年增加 648 亿千瓦时，占非化石电源发电量增量的比重为 23.1%，光伏对非化石电量增长的贡献率同比增加 3.6 个百分点。

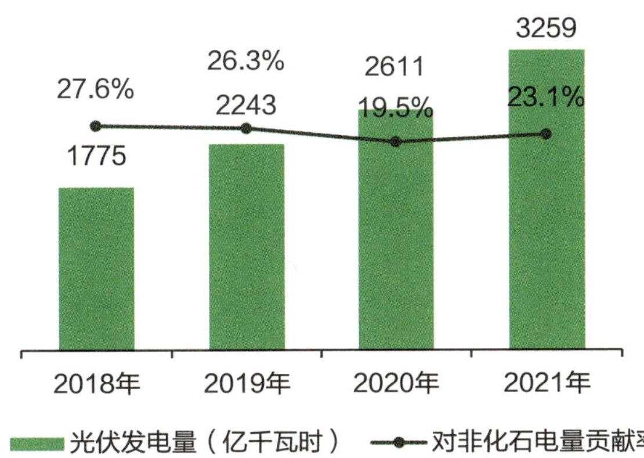

2018~2021 年全国光伏发电量及对非化石电量贡献率

数据来源:《电力工业统计资料汇编》(2018、2019、2020、2021统计快报)

光伏发电利用率持较高水平

2021 年，全国弃光电量合计67.8亿千瓦时，同比增加15.2亿千瓦时；平均弃光率 2.0%，与 2020 年基本持平，处于较低水平。全国弃光主要集中在西北和华北地区，弃光电量占全国 97%。新疆、甘肃光伏利用率同比分别提升 2.8 个百分点、0.7 个百分点至 98.3%、98.5%。

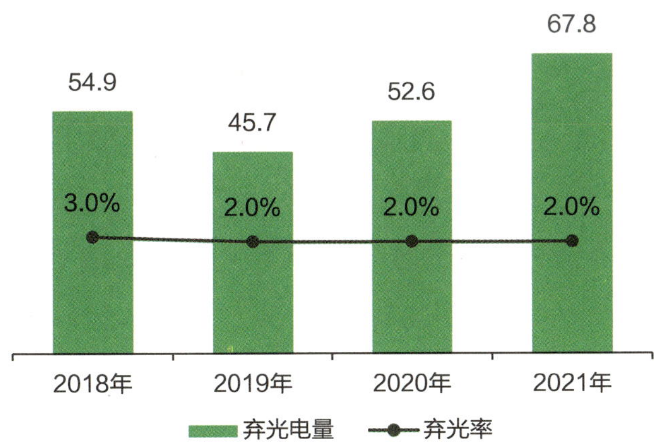

2018~2021 年全国弃光电量及弃光率

数据来源：国家能源局

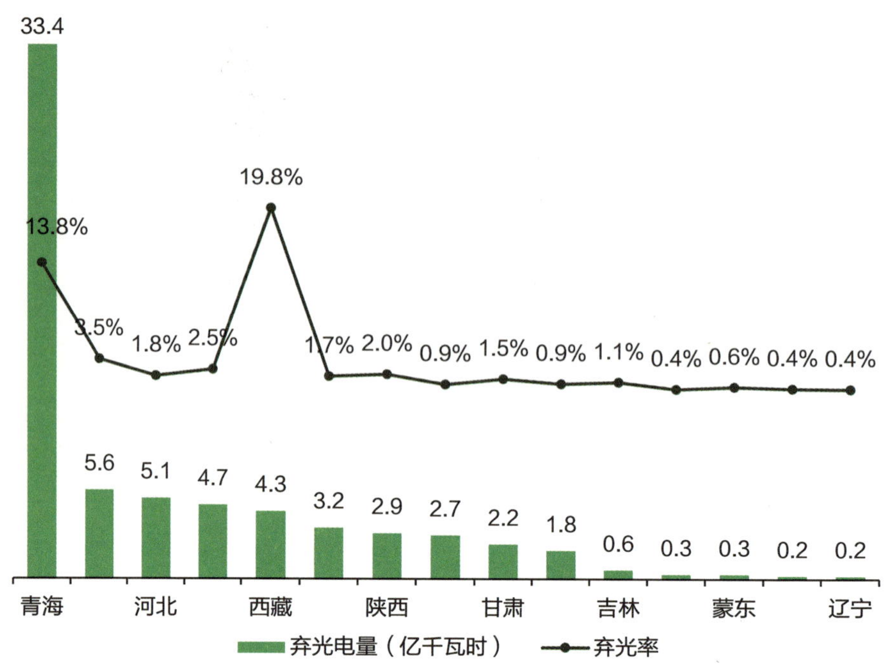

2021 年全国分地区弃光电量及弃光率

数据来源：国家能源局

2. 光热发电

截至 2021 年底，全国首批光热发电示范项目共计建成 8 个，总装机容量 50 万千瓦。此外，约 7 万千瓦其他类型的光热项目已建成并网，主要包括多能互补示范项目中的光热发电项目以及首批示范项目的先导性项目。全国目前共建成光热发电项目约 57 万千瓦。

2021 年新建并网光热发电项目 1 个，装机容量 5 万千瓦，为甘肃玉门鑫能二次反射塔式光热发电项目。截至 2021 年底，全国已并网的装机 5 万千瓦以上光热发电示范项目如下表所示。

2021 年底全国已并网装机 5 万千瓦以上光热发电示范项目表

序号	项目名称	装机容量（万千瓦）	并网时间
1	青海中广核德令哈槽式光热发电项目	5	2018 年 10 月
2	甘肃首航节能敦煌熔盐塔式光热发电项目	10	2018 年 12 月
3	青海中控太阳能德令哈光热发电项目	5	2018 年 12 月
4	中国电建共和熔盐塔式光热发电项目	5	2019 年 9 月
5	鲁能海西州多能互补集成优化熔盐塔式光热发电项目	5	2019 年 9 月
6	中电工程哈密熔盐塔式光热发电项目	5	2019 年 12 月
7	大成敦煌熔盐线性菲涅尔式光热发电项目	5	2019 年 12 月
8	内蒙古中核龙腾乌拉特中旗导热油槽式光热发电项目	10	2020 年 1 月
9	甘肃玉门鑫能二次反射塔式光热发电项目	5	2021 年 12 月

3.2 未来三年发展展望

1. 光伏发电

大型风电光伏基地将成为集中式光伏开发重要形式。2021 年 11 月，国家发改委、国家能源局发布第一批大型风电、光伏基地建设项目清单，共涉及 19 省份，规模总计 97.05 吉瓦，目前已先后开工建设。2021 年 12 月，国家能源局启动第二批大型风电、光伏基地申报工作，大型风电、光伏基地将加快发展。2022 年 1 月，中央提出“要加大力度规划建设以大型风光电基地为基础的新能源供给消纳体系”，为光伏发电的进一步发展提供了有利的外部政策环境。未来三年，大型风电、光伏基地将成为集中式光伏开发重要形式，集中式光伏将继续保持大规模发展。

分布式光伏发展成效显著，发展瓶颈亟须破解。2021 年新增光伏发电装机规模中，集中式光伏占比 47%，分布式光伏占比 53%，分布式光伏新增规模首次超过集中式。截至 2021 年底，全国集中式光伏累计装机占比 65%，分布式光伏占比 35%。预计“十四五”期间，全国分布式光伏将继续呈现良好发展态势。《加快农村能源转型发展 助力乡村振兴的实施意见》提出“到 2025 年，太阳能占农村能源的比重持续提升，分布式可再生能源发展壮大”，未来农村分布式光伏将有序开发。但在分布式光伏推进过程中，部分地区出现配电网承载能力受限的问题，制约了分布式光伏发展。需加快配套电网工程建设，推动变电站新建扩建，实现网源协调发展。

2. 光热发电

光热发电项目将依托风光大基地开发建设。2021 年 10 月，国务院印发《2030 年前碳达峰行动方案》，提出“积极发展太阳能光热发电，推动建立光热发电与光伏发电、风电互补调节的风光热综合可再生能源发电基地”。我国已发布的第一批以沙漠、戈壁、荒漠地区为重点的大型风电、光伏基地建设项目中，有多个项目包含光热装机。未来三年，将有一批光热发电项目依托风光大基地开发建设，光热发电将迎来全新的开发空间。

地方政策为光热发电开发建设提供新路径。2022 年 3 月，新疆发布《服务推进自治区大型风电光伏基地建设操作指引（1.0 版）》，鼓励光伏与储热型光热发电以 9∶1 规模配建，并要求储热型光热发电项目与风电、光伏发电项目同步建成、同步并网。未来三年随着光热发电项目的逐步开发建设，各地将结合实际情况，出台促进光热发电相关支持政策，明确光热发电项目开发建设新要求，为光热发电项目发展提供新路径和新思路。

参与调峰为光热发电开辟新发展空间。2021 年 12 月，国家能源局发布《关于印发〈电力并网运行管理规定〉的通知》（国能发监管规〔2021〕60 号）和《关于印发〈电力辅助服务管理办法〉的通知》（国能发监管规〔2021〕61 号），将光热发电列为辅助服务主体，未来光热发电提供调峰等电力辅助服务，将面临新的市场空间和发展机遇。

当前，部分正在开展前期工作的风光热储一体化项目如下表所示。

部分正开展前期工作风光热储一体化项目情况表

序号	项目名称	装机容量	光热技术路线
1	甘肃阿克塞“光伏＋光热”项目	光伏 64 万千瓦＋光热 11 万千瓦	二次反射塔
2	甘肃敦煌“光伏＋光热”项目	光伏 60 万千瓦＋光热 10 万千瓦	熔盐线性菲涅尔
3	甘肃玉门“光伏＋风电＋光热”项目	光伏 40 万千瓦＋风电 20 万千瓦＋光热 10 万千瓦	熔盐线性菲涅尔
4	甘肃瓜州“光伏＋风电＋光热”项目	光伏 20 万千瓦＋风电 40 万千瓦＋光热 10 万千瓦	塔式
5	青海格尔木乌图美仁“光伏＋光热”项目	光伏 90 万千瓦＋光热 10 万千瓦	塔式
6	青海共和塔拉滩“光伏＋光热”项目	光伏 90 万千瓦＋光热 10 万千瓦	塔式

4 核电

4.1 2021 年发展概况

核电装机增速有所回升

核电装机
↑ 6.8%

总装机
5326 万千瓦

2021 年，我国新投产核电机组 3 台，截至 2021 年底，我国投入商业运行核电机组达 51 台，总装机容量为 5326 万千瓦，较上年增长 6.8%，增速有所回升。从电源结构来看，核电占我国电源总装机容量的 2.2%，占我国非化石电源装机容量的 4.8%。

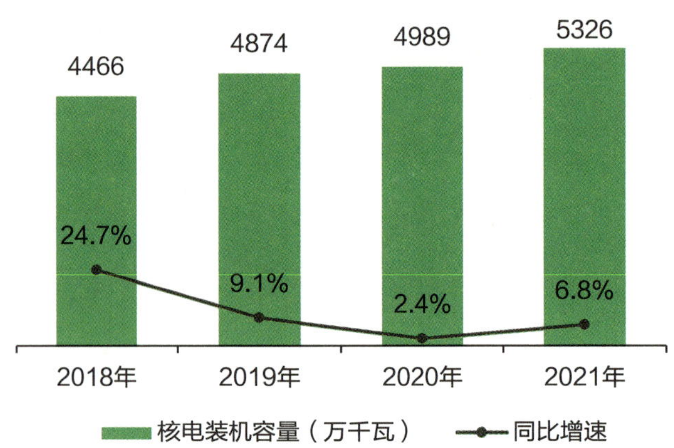

2018~2021 年我国核电装机容量及同比变化

数据来源:《电力工业统计资料汇编》(2018、2019、2020、2021 年统计快报)

截至 2021 年底，我国核电集中在沿海的辽宁、山东、江苏、浙江、福建、广东、广西和海南八省（区）。其中，广东、福建、浙江三省核电装机合计 3511 万千瓦，占我国核电总装机的 65.9%。

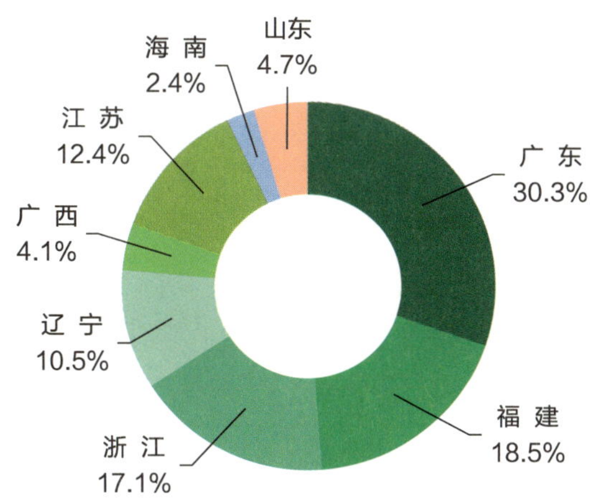

2021 年我国分地区核电装机容量占比

数据来源：《电力工业统计资料汇编》（2021 统计快报）

2021 年，我国核电发电量 4075 亿千瓦时，占我国电源总发电量的 4.9%，占非化石电源发电量的 14.1%。2021 年平均年利用小时数 7802 小时，同比增加 352 小时，连续五年稳步抬升。

核电发电量占总电量比重与去年持平，占非化石电量比重有所回落

核电发电量占总发电量比重

4.9%

核电发电量占非化石电量比重

14.1%

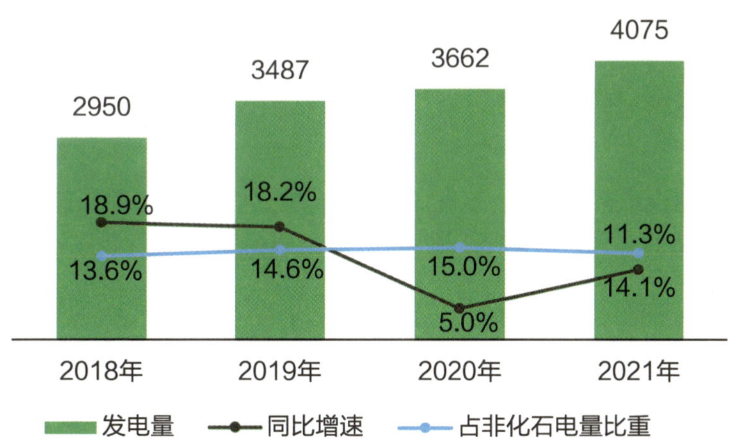

2018~2021 年我国核电发电量及同比变化

数据来源：《电力工业统计资料汇编》（2018、2019、2020、2021 年统计快报）

2021 年投产的核电项目

省份	电站机组名称	单机容量（万千瓦）	机组台数（台）	投产时间
辽宁	红沿河核电厂 5 号机组	111.8	1	2021 年 7 月
江苏	田湾核电厂 6 号机组	111.8	1	2021 年 6 月
福建	福清核电厂 5 号机组	115.0	1	2021 年 1 月

4.2 未来三年发展展望

1. 我国在建核电情况

截至 2021 年底，我国在建核电机组共 20 台，总装机容量约 2129 万千瓦。分布在辽宁、山东、江苏、浙江、福建、广东、广西、海南八省（区）。其中，2021 年新开工机组 6 台，分别为：辽宁徐大堡核电厂 3 号机组、江苏田湾核电厂 7 号机组、浙江三澳核电厂 2 号机组、海南昌江 3、4 号机组和海南昌江多用途模块式小型堆示范工程。采用的技术包括华龙一号、VVER-V1200、玲珑一号等。

我国在建核电机组一览表（截至 2021 底）

省份	机组	容量（兆瓦）	堆型	主要投资方
辽宁	红沿河 6 号	1118.79	ACPR1000	中广核
	徐大堡 3 号	1274	VVER-1200/V491	中核
山东	石岛湾高温堆	211	HTR-PM	华能
	石岛湾（228 示范工程 1、2 号）	2×1534	国和一号	国电投
江苏	田湾 7 号	1265	VVER-1200/V491	中核
浙江	三澳 1、2 号	2×1208	华龙一号	中核
福建	福清 6 号	1150	华龙一号	中核
	霞浦快堆 1、2 号	2×600	CFR600	中核
	漳州 1、2 号	2×1150	华龙一号	中核
广东	太平岭 1、2 号	2×1202	华龙一号	中广核
广西	防城港 3、4 号	2×1180	华龙一号	中广核
海南	昌江 3、4 号	2×1197.89	华龙一号	华能
	昌江小堆示范工程	125	玲珑一号	中核

数据来源：中国核能行业协会

2. 未来三年投产核电项目

预计未来三年我国新投产的主要核电项目有：红沿河核电厂 6 号机组、石岛湾核电厂高温气冷堆核电示范工程、福清核电厂 6 号机组、漳州核电厂 1 号机组、广东太平岭核电厂 1 号机组和防城港核电厂 3、4 号机组。

红沿河核电厂6号机组

红沿河核电厂位于辽宁省瓦房店市红沿河镇境内，电厂规划建设6台百万千瓦级压水堆核电机组，一期已建成4台CPR1000型压水堆核电机组，二期5、6号建设2台二代改进型压水堆核电机组，1～5号机组已分别于2013年6月6日、2014年5月13日、2015年8月16日、2016年9月19日和2021年7月31日正式投入商业运行，6号机组已于2022年5月2日首次并网成功。

红沿河核电厂

石岛湾核电厂高温气冷堆核电示范工程

石岛湾核电厂位于山东省威海市辖荣成市宁津镇境内，厂址规划建设1台200兆瓦高温气冷堆（双堆带一机）+4台百万千瓦级压水堆核电机组+2台CAP1400大型先进压水堆核电机组。高温堆示范工程是国家正在实施的16个重大科技专项之一，工程已于2012年12月开工建设，截止到2021年底，1号反应堆正稳步向单堆满功率推进，2号反应堆并网发电前各项试验有序开展。双堆有望于2022年底前全面投入商业运行。

石岛湾核电厂高温气冷堆核电示范工程

福清核电厂6号机组

福清核电厂位于福建省福清市三山镇境内，电厂规划建设6台百万千瓦级压水堆核电机组。一、二期已建成4台CPR1000型压水堆核电机组，三期5、6号建设2台“华龙一号”三代压水堆核电机组。1～4号机组已分别于2014年12月27日、2015年10月16日、2016年10月24日、2017年9月17日和2021年1月31日正式投入商业运行，6号机组已于2022年1月1日实现并网发电，目前已具备商业运行条件。

福清核电厂

防城港核电厂 3、4 号机组

防城港核电厂位于广西壮族自治区防城港市港口区光坡镇境内，电厂规划建设 6 台百万千瓦级压水堆核电机组，一期已建成 2 台 CPR1000 型压水堆核电机组，二期 3、4 号建设 2 台“华龙一号”三代压水堆核电机组，1、2 号机组已分别于 2016 年 1 月 1 日、2016 年 10 月 8 日正式投入商业运行。目前，3 号机组处于调试阶段，预计 2022 年下半年投入运行；4 号机组处于设备安装阶段，预计 2024 年上半年投入运行。

防城港核电厂

漳州核电厂 1 号机组

福建漳州核电厂位于福建省漳州市云霄县境内，电厂规划建设 6 台百万千瓦级压水堆核电机组。一期工程 1、2 号机组采用“华龙一号”压水堆技术路线，已分别于 2019 年 10 月和 2020 年 9 月开工建设，1 号机组预计 2024 年实现并网发电。

漳州核电厂

广东太平岭核电厂 1 号机组

太平岭核电厂位于广东省惠州市黄埠镇境内，电厂规划容量 6 台 1000 兆瓦级压水堆核电机组。一期工程 1、2 号“华龙一号”压水堆核电机组已分别于 2019 年 12 月和 2020 年 10 月开工建设，1 号机组预计 2024 年实现并网发电。

太平岭核电厂

5 气电

5.1 2021 年发展概况

截至 2021 年底，我国气电总装机容量 10859 万千瓦，同比增长 8.9%，装机容量占我国电源总装机容量的 4.6%，增速逐步趋稳。

2021 年，我国气电发电量 2834 亿千瓦时，同比增长 12.2%，占我国发电量的 3.4%。

气电装机保持平稳增长

气电装机
↑ 8.9%

总装机
10859 万千瓦

8375
9024
9972
10859
10.5%
7.7%
10.5%
8.9%
4.4%
4.5%
4.5%
4.6%
2018年
2019年
2020年
2021年
装机容量（万千瓦）
同比增速
占总装机比例

2018~2021 年我国气电装机容量及同比变化

数据来源：《电力工业统计资料汇编》（2018、2019、2020、2021 统计快报）

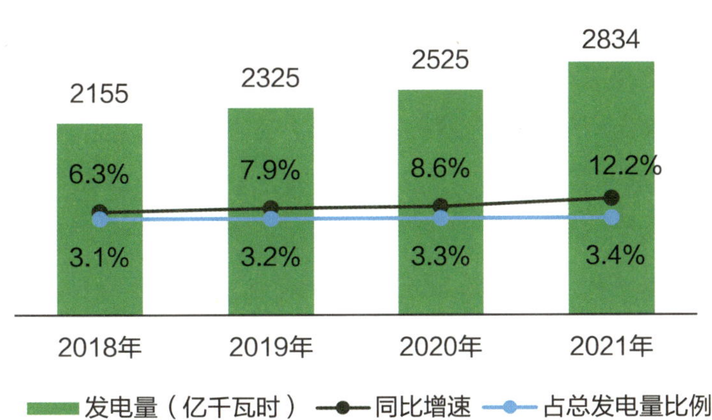

2018~2021 年我国气电发电量及同比变化

数据来源：《电力工业统计资料汇编》（2018、2019、2020、2021 统计快报）

气电主要集中在经济发达地区

广东、浙江、江苏、北京、上海等地气电装机合计占比
74.0%

受气源、气价等因素影响，新增投产项目仍主要集中在经济较发达地区。广东、浙江、江苏、北京、上海五省（市）气电装机容量合计约8040万千瓦，占比约74.0%。

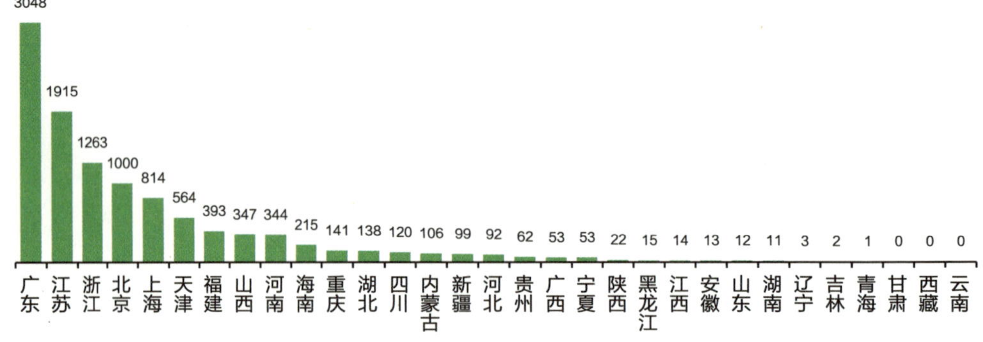

2021 年我国分地区气电装机容量（万千瓦）

数据来源：国家能源局

5.2 未来三年发展展望

未来三年我国新增气电约 3200 万千瓦

受环境政策、气源条件、气电价格等因素影响，短期内我国天然气发电发展定位将以调峰为主，保障沿海地区高峰时段用电。预计未来三年我国新增气电约3200万千瓦，重点布局在西气东输沿线地区以及价格承受力高、气源较为落实的中东部沿海地区。

制约气电发展的不确定性依然存在

目前制约我国气电发展的因素主要有发电用气保障能力不足、气电企业经营压力普遍较大、气电运行成本疏导机制不够完善、燃气轮机核心技术存在短板等。

一是随着天然气消费持续快速增长，我国天然气对外依存度将持续攀升，天然气安全平稳供应面临严峻考验。另一方面，考虑到天然气需求与电力需求高峰时段高度重合，在极寒天气等极端情况下，按照“压非保民”原则，发电用气供应存在很大不确定性。

二是天然气价格是影响气电发电成本的主要因素，燃料成本约占气电总成本的80%，我国天然气价格较高，导致气电机组上网电价长期处于高位，电价竞争力较差。受燃料成本高企和降电价政策两头挤压影响，气电企业普遍经营困难，长期处于亏损状态。

三是目前地方多通过两部制电价、财政补贴等方式疏导气电发电运行成本，随着气电装机规模不断增加，价格疏导压力也越来越大。此外，部分地方电力辅助服务市场进展缓慢，气电调峰收益偏低，成本回收压力大。

四是相比国际领先的燃机企业，我国燃机制造企业在基础体系、设计能力、加工制造、运维检修等方面仍存在较大差距，重型燃气轮机设备制造尚未实现自主设计，热部件加工制造、燃机本体保护系统等依赖进口，导致气电机组生产、运行、维护等多个环节长期被国外供应商垄断，增加了气电企业的发电成本。

多措并举推动气电持续健康发展

与煤电相比，气电在为系统提供可靠支撑能力的同时，还具有灵活性高、碳排放低等优势，是电力系统重要的支撑性和调节性电源，提升气电在火电装机中的比重是优化能源结构、降低碳排放的重要过渡手段，应坚持问题导向，加强顶层设计，从优化布局、保障气源、理顺气价、深化市场、攻关技术等方面发力，多措并举推动气电持续健康发展。

一是不断优化气电布局。在气源有保障、气价可承受、调峰需求大的负荷中心适度布局一批调峰气电项目，增强系统调节能力。在有规模热（冷）负荷的工业园区、城市开发区、空港新区等区域适度建设天然气分布式燃机项目，因地制宜推广用户侧分布式智慧综合能源，鼓励燃煤自备电厂实施天然气替代。

二是保障高峰发电用气供应。增强天然气资源保障能力，加快天然气配套基础设施建设，推动建立综合储气调峰和应急保障体系，将“以气定电”转变为“气电联调”，在天然气需求高峰时段，结合电力供需稳定一部分发电用气供应。

三是加快理顺发电用气价格。充分利用天然气市场化改革契机，推行季节性差价、可中断气价等差别化价格政策，大力推动大中型燃气电厂直购天然气，减少天然气供应中间环节，降低发电企业用气成本，提升气电在电力市场环境下的竞争力。

四是优化气电上网电价形成机制。坚持市场化方向，理顺天然气发电与气价的价格联动机制，完善天然气发电上网电价定价机制。丰富辅助服务交易品种，建立健全调峰、调频、备用辅助服务市场，促进气电参与各类辅助服务市场，通过市场化机制体现气电机组灵活性运行价值。

五是加快燃气轮机关键技术研发应用。坚持重型和中小型燃气轮机并举，加强自主化燃气轮机关键技术研究，建立自主完整的燃气轮机设计、制造、运维服务体系。推动燃气轮机核心部件自主化设计，开展具有完全自主产权的重型燃机轮机试验示范。建立健全 10 兆瓦 ~ 50 兆瓦发电型、工业驱动型燃气轮机自主化体系。

6 煤电

6.1 2021 年发展概况

截至 2021 年底，我国煤电装机容量 110901 万千瓦，占我国电源总装机容量的 46.7%。“十三五”期间我国煤电装机容量年均增速 3.7%，2021 年煤电装机容量同比增长 2.8%，较上年新增投产规模减少约 860 万千瓦。

煤电装机增速有所放缓

煤电装机

↑ 2.8%

总装机

110901 万千瓦

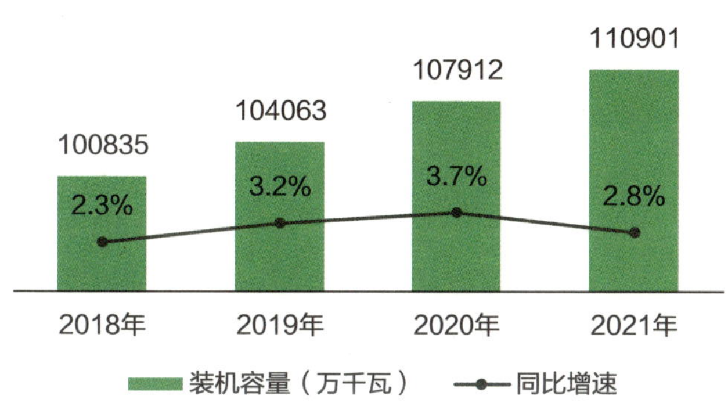

2018~2021 年我国煤电装机容量及同比变化

数据来源：《电力工业统计资料汇编》（2018、2019、2020、2021 统计快报）

截至 2021 年底，我国山东、内蒙古、江苏、广东、河南、山西、新疆、安徽八省（区）煤电装机容量超过 5000 万千瓦，占我国煤电总装机容量的 54.4%。

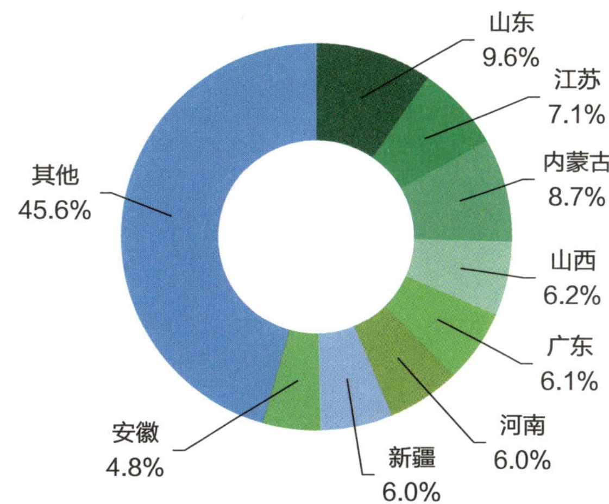

2021 年我国分地区煤电装机容量占比

数据来源：《电力工业统计资料汇编》（2021 统计快报）

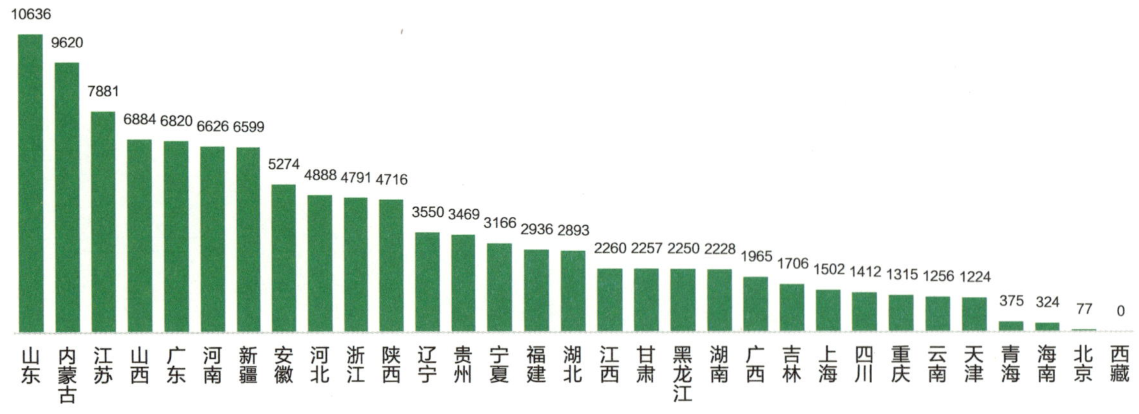

2021 年我国分地区煤电装机容量（万千瓦）

数据来源：《电力工业统计资料汇编》（2021 统计快报）

电力需求恢复性增长推动煤电利用小时显著提升

煤电利用小时

↑ 263 小时

2021 年，我国煤电发电量 50270 亿千瓦时，占我国总发电量的 60.0%。“十三五”以来我国煤电年发电量保持平稳，略有增加。

2021 年，我国煤电利用小时数 4586 小时，较前两年有所回升，同比增加约 263 小时。

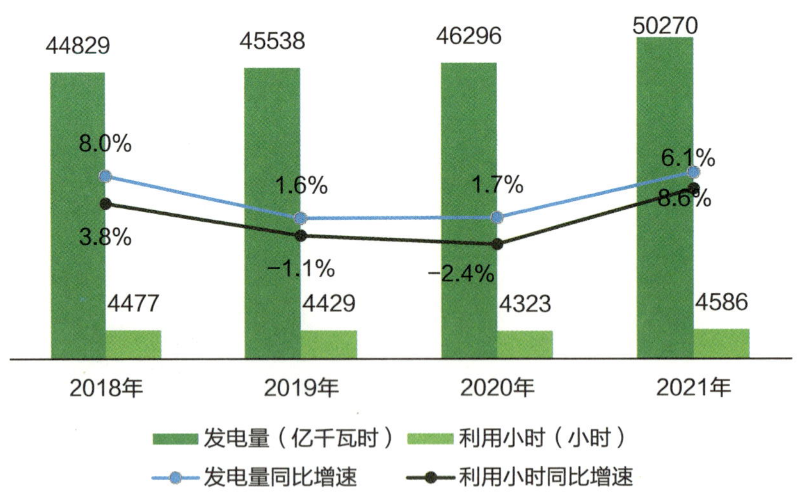

2018~2021 年我国煤电发电量及同比变化

数据来源：《电力工业统计资料汇编》（2018、2019、2020、2021 统计快报）

6.2 未来三年煤电转型展望

1. 严控新增煤电

为进一步落实我国双碳战略目标，2021 年领导人气候峰会上，我国宣布将严控煤电项目，“十四五”时期严控煤炭消费增长、“十五五”时期逐步减少。未来三年我国将持续严控煤电项目，原则上不再新建单纯以发电为目的的煤电项目，坚持优先扩能改造升级的原则，按需安排一定规模保障电力供应安全的支撑性电源和促进新能源消纳的调节性煤电。保供风险较大的地区将加快推动已纳入规划的支撑性电源建设投产进度，优先采取需求侧响应措施优化电力负荷，确有必要的要严格按照满足保供需求的最小规模安排项目，大气污染防治重点区域新建项目实行煤炭减量替代。

2. 优化煤电布局

未来，西部地区将重点围绕以沙漠、戈壁、荒漠地区为重点的大型风电光伏基地，合理确定保障大型风电光伏基地项目外送所需最小煤电规模，结合现有煤电场址资源条件，布局一批调节性煤电，优先采用大容量、高参数、低能耗、调节能力好的发电机组，通过多能互补方式与新能源形成合力。中东部地区按照科学预留电力安全保供裕度原则，密切跟踪主要负荷中心和供电紧张地区负荷增长情况，视供需形势安排一批托底保供煤电投产。

3. 推动煤电新能源融合发展

为适应新型电力系统建设，促进煤电与新能源发展更好地协同，未来我国将鼓励存量和增量煤电项目配套建设新能源项目，推动新能源大规模高比例发展，实现煤电企业清洁低碳转型。依托点对网和网对网煤电外送基地，结合送端近区新能源开发和消纳条件，多措并举增配大型风电光伏基地，实现风光火一体化发展。加快实施煤电灵活性改造，鼓励具备一定调节能力的煤电机组配套建设市场化新能源。

4. 推动煤电“三改联动”

根据习近平总书记在中共中央政治局第三十六次集体学习的重要讲话精神，未来将大力推动煤电节能降碳改造、灵活性改造、供热改造“三改联动”。2021 年，全国完成节能降碳改造煤电机组约 1.1 亿千瓦，完成煤电灵活性改造 6000 万千瓦以上，完成供热改造煤电机组约 6800 万千瓦。未来，我国将持续攻坚推动超低排放改造，大气污染防治重点区域煤电机组将基本完成超低排放改造；持续实施能效提升改造，推进实施 30 万千瓦、60 万千瓦等级亚临界、超临界机组综合性、系统性节能改造；统筹大型风电光伏基地建设与煤电综合改造，充分发挥煤电对大型风电光伏基地开发消纳的支撑性和调节性作用；按照成熟适用、经济可行的技术改造路线推进灵活性改造，在增强机组灵活性的同时，确保煤电污染物排放满足超低排放要求并力争进一步降低。大型纯凝机组将通过兼顾供热方式或改造为热电联产机组承担周边地区供热，现有机组将适当发展长输供热项目，吸引工业热负荷企业向存量煤电企业周边发展。

7 生物质发电

7.1 2021 年发展概况

生物质发电装机快速增长

截至 2021 年底，全国生物质发电装机容量达 3798 万千瓦，较上年增长 30.6%，增速较上年提高 1.5 个百分点，生物质发电装机占全国电源总装机容量达 1.6%。其中，垃圾焚烧发电新增装机达 595 万千瓦，占新增生物质发电装机的 70.2%，累计装机容量达到 2129 万千瓦。

2021 年，全国生物质发电量 1637 亿千瓦时，较上年增长 23.4%，占全国总发电量的 2.0%。

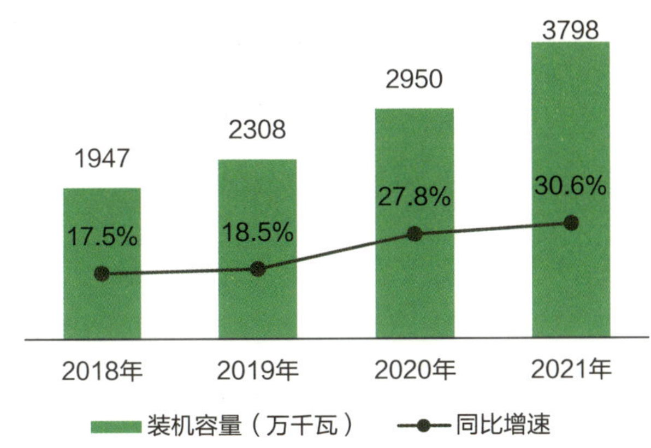

2018~2021 年全国生物质发电装机容量及同比变化

数据来源：国家能源局

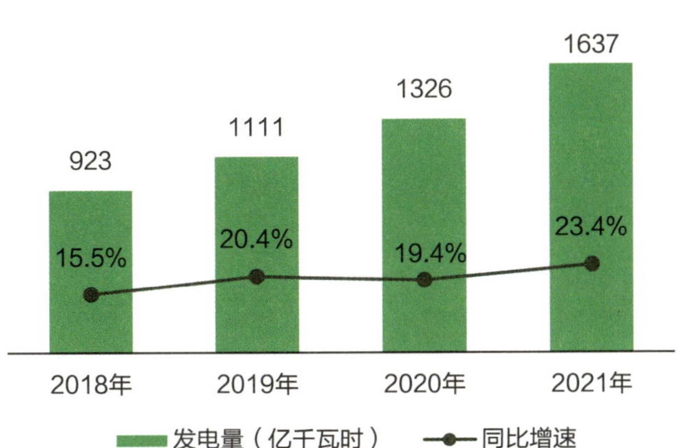

2018~2021 年全国生物质发电量及同比变化

数据来源：国家能源局

生物质发电受资源条件和地方政策影响较大，西北地区需加大生物质发电开发力度

截至 2021 年底，华北、华东、华中和南方地区生物质发电装机占全国生物质发电总装机的 85.7%。东北地区生物质发电装机快速增长，新增生物质发电装机达 119.5 万千瓦，较上年增加 49.6%。西北地区生物质发电有待进一步开发。2021 年，华中地区新增垃圾焚烧发电装机达 168.8 万千瓦，较上年增长 68.1%，占全国新增垃圾焚烧发电装机的 29.1%。生物质发电受资源条件和政策影响较大，随着国家补贴逐渐退坡，地方政策对生物质发电的影响将逐渐增加。资源富集地区和财政支持力度较大地区，生物质发电将更快发展。

截至 2021 年底，全国生物质发电布局逐渐优化。山东、广东、浙江、江苏、安徽五省生物质发电装机容量合计约 1591 万千瓦，占比约

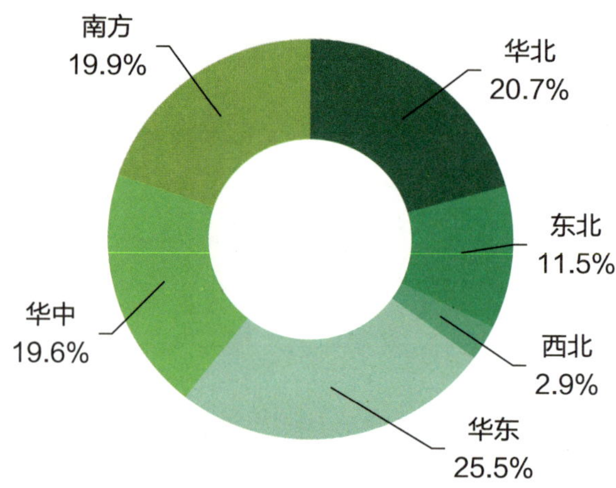

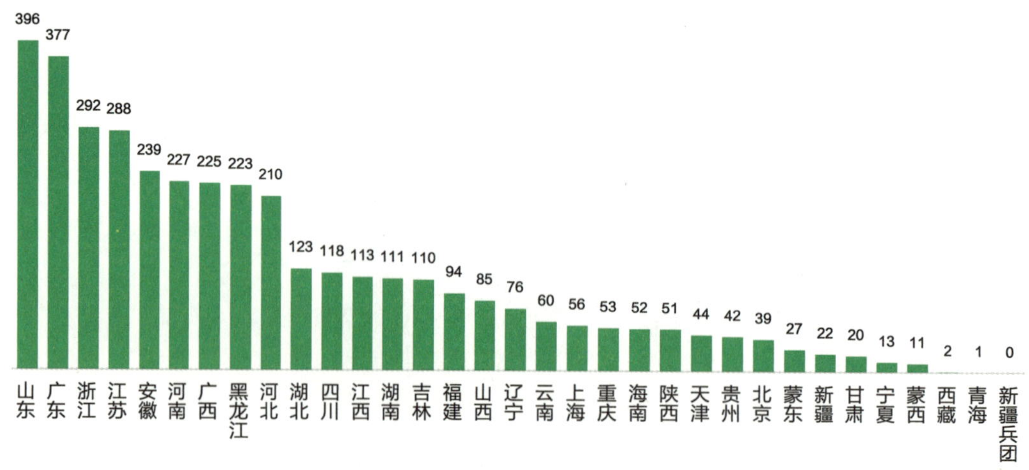

2021 年全国分地区生物质发电装机容量（万千瓦）

数据来源：国家能源局

41.9%，较 2020 年下降 4.3 个百分点。河北、河南、黑龙江、山东、浙江、广东、江苏七省新增生物质发电装机均超过 50 万千瓦，合计占全国新增生物质发电装机的 58.2%。

7.2 未来三年发展展望

生物质发电受地方政策影响，将从快速增长向高质量发展转变。《2021 年生物质发电项目建设工作方案》明确，未来生物质发电并网项目补贴资金实行央地分担，按东部、中部、西部和东北地区合理确定不同类型项目中央支持比例。预计到“十四五”末期，新建生物质发电项目电价补贴将全部由地方承担，生物质发电发展规模受地方政策影响将愈加显著。未来新开工生物质发电项目将分类开展竞争配置，有效促进生物质发电技术进步和成本下降，推动生物质发电从快速增长向高质量发展转变。

生物质发电装机增速有望持续增加，热电联产为生物质发电提供新的增长空间。在双碳目标助力下，各地方政府和发电集团将积极推动生物质发电项目开发，生物质发电发展空间巨大。2021 年 2 月，国家能源局发布《关于因地制宜做好可再生能源供暖相关工作的通知》(国能发新能〔2021〕3 号)，提出“因地制宜加快生物质发电向热电联产转型升级。同等条件下，生物质发电补贴优先支持生物质热电联产项目”，为生物质热电联产项目的开发建设创造了有利条件。未来三年，在国家相关政策支持下，生物质发电装机将继续增加，热电联产项目将为生物质发电提供新的增长空间。

加快完善生物质发电发展规划，逐步推动生物质发电市场化。生物质发电不仅能提供稳定可靠的可再生能源电力，还能为电力系统提供一定的调峰服务，是我国能源转型的重要力量。需加快完善国家生物质发电发展规划，以明确生物质发电的发展原则和目标，更有效地指引生物质发电发展。未来生物质发电补贴将逐步退坡，市场化是促进生物质发电高质量发展的重要方式，需制定并逐步完善生物质发电市场化相关政策，推动生物质发电市场化。

8 电源技术创新

8.1 煤电抽汽蓄能技术

煤电抽汽蓄能技术是一种对主辅机改造和系统优化的技术。煤电机组在运行过程中，锅炉出力和汽轮机出力（含供热）大体上保持实时平衡，受锅炉最低稳燃负荷限制，采用常规灵活性改造方式，纯凝机组最低发电出力难以实现进一步降低。煤电机组采用熔盐抽汽蓄能技术，通过一定时间内的“机炉部分解耦”，在不降低锅炉最低稳燃负荷的基础上，理论上可将煤电机组最低发电出力降至 20% 以下，也可实现工业供热机组的“热电解耦”。

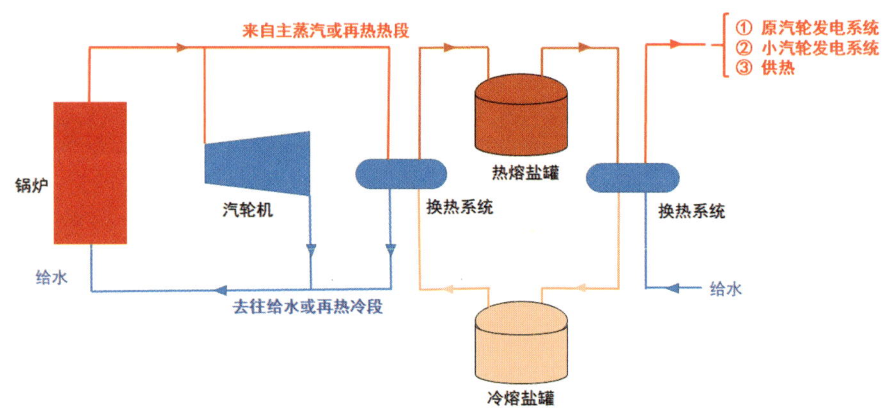

煤电抽汽蓄能技术

煤电抽汽蓄能技术在运行过程中可分为蓄能过程和释能过程。蓄能过程是指当电力系统要求煤电机组进一步降低发电负荷时，煤电抽汽蓄能深度调峰技术可抽取部分主蒸汽和再热蒸汽与熔盐换热，以热熔盐形式实现储热，换热后的蒸汽或水重新进入锅炉吸热，可减少进入汽轮机发电的蒸汽量，从而降低机组最低发电负荷。

释能过程是指当电力系统需要煤电机组提高出力保障供电时，熔盐储热系统热量通过换热回到原有汽轮机热力系统，从而实现储热放热发电；如果另外增设 1 套小型汽轮发电系统，可在煤电机组满负荷运行的基础上，通过储热系统放热，由小型汽轮发电系统发电，可实现煤电机组扩容超发，从而进一步提升煤电机组调峰范围和支撑能力。对于工业供热机组，在机组深度调峰阶段无需增加汽轮发电机组负荷，通过熔盐储热系统换热产生蒸汽，供工业用户利用，从而实现“热电解耦”。

8.2 压缩二氧化碳技术

压缩二氧化碳储能是压缩气体储能的一种，其技术特点是采用二氧化碳作为循环工质。因二氧化碳工质具有无毒、不易燃、易于获取、易液化等特点，可以实现液态储存，更加安全和便捷。新型压缩二氧化碳技术原理是在用电低谷期，利用多余电力将二氧化碳气体压缩为液体并储存，同时将压缩过程中产生的热能存储起来；在用电高峰期，将压缩后的二氧化碳释放，并利用存储的热能加热液态二氧化碳至气态，驱动透平发电。

压缩二氧化碳储能项目示意图

新型二氧化碳储能技术将常温常压二氧化碳气体压缩为液体，具有压力温度等级低、安全可靠性高、易于储存不依赖地质条件、不产生固体废弃物等优点，是一种绿色储能技术。该技术可完全覆盖10 兆瓦、100 兆瓦、1000 兆瓦等级储能功率，具有广泛的功率等级、容量、地域适应性，在大容量长时储能上具有一定的经济效益。可以充分缓解可再生能源发电的波动性与间歇性等固有缺陷，大幅减少“弃风”“弃光”现象，有效提升可再生能源发电的利用率，具有广阔的应用前景。

目前国内首个“新型二氧化碳储能验证项目”已于 2021 年 10 月 22 日在四川德阳开工建设，预计 2022 年 8 月建成，标志着我国这一突破性储能技术开启了工程化应用的进程。

9 电源国际合作

9.1 水电

哈电集团承建厄瓜多尔美纳斯水电项目实现整体最终移交

2021 年 4 月 8 日，由哈电集团哈尔滨电气国际工程有限责任公司承建的厄瓜多尔 3×90 兆瓦美纳斯水电项目实现整体最终移交。作为由中资企业承建的厄瓜多尔第三大水电站，美纳斯水电项目被视为厄瓜多尔太平洋水系最重要的水利工程之一，为超过 22 万户家庭送去了光明与温暖，有利于厄瓜多尔国内经济发展及电力能源结构优化。

中国电建承建的赞比亚下凯富峡水电站首批机组并网发电

2021 年 7 月 23 日，由中国电力建设集团有限公司承建的赞比亚下凯富峡水电站 23 日举行首批机组并网发电仪式。下凯富峡水电站位于赞比亚首都卢萨卡以南约 90 公里的卡富埃河上，于 2015 年 11 月开工建设。该水电站安装 5 台混流式发电机组，总装机容量 750 兆瓦。作为赞比亚在建最大的单体基础设施项目，同时也是该国最大水电站，项目发电将为当地经济社会发展和民生改善创造新的有利条件。

三峡集团投资建设的卡洛特水电站正式启动水库蓄水

2021 年 11 月 22 日，中巴经济走廊首个水电投资项目卡洛特水电站 20 日顺利完成导流洞下闸，正式启动水库蓄水。卡洛特水电站项目位于巴基斯坦旁遮普省卡洛特地区，是杰赫勒姆河梯级水电规划的第四级，是迄今为止三峡集团在海外投资在建的最大绿地水电项目。项目总投资约 17.4 亿美元，总装机 72 万千瓦，投产发电后年均发电量约 32 亿千瓦时，预计每年可减少二氧化碳排放 350 万吨。

9.2 核电

中核集团华龙一号海外首堆建成投运

2022 年 5 月 20 日，“华龙一号”海外首堆工程—巴基斯坦卡拉奇核电 2 号（K–2）机组完成 100 小时连续稳定运行验收，各项性能指标达标，正式投入商业运行，标志着我国自主三代核电“走出去”的首台机组顺利建成。作为“华龙一号”海外示范工程，卡拉奇核电 2 号（K–2）机组成功投入商业运行，将有力促进中巴后续核能项目合作，为后续项目落地实施提供良好基础，将进一步增强“华龙一号”在“一带一路”沿线地区的影响力和竞争力。

中俄核能合作项目举行开工仪式

2021 年 5 月 19 日，国家主席习近平在北京通过视频连线，同俄罗斯总统普京共同见证两国核能合作项目—田湾核电站和徐大堡核电站开工仪式。田湾核电站 7 号、8 号机组和徐大堡核电站 3 号、4 号机组，建成投产后年发电量将达到 376 亿千瓦时，相当于每年减少二氧化碳排放 3068 万吨。

9.3 新能源发电

中国电建承建阿根廷最大风电项目群投入商业运营

2021 年 6 月，中国电建承建的阿根廷最大风电项目群赫利俄斯风电项目群全部建成投产。赫利俄斯风电项目群总装机容量 354.6 兆瓦，共 109 台风力发电机组，分别为位于阿根廷南部丘布特省的罗马布兰卡一期、二期、三期和六期项目以及位于阿根廷东部沿海布宜诺斯艾利斯省的米拉玛尔风电项目。赫利俄斯风电项目群全部运行后，至少每年向阿根廷提供 16 亿千瓦时清洁能源，相当于减少 80 万吨标准煤使用，减少约 200 万吨二氧化碳排放，对促进阿根廷能源转型和经济发展并改善当地民众生活具有重要意义。

中国能建山西院签订中非共和国 25 兆瓦光伏发电项目 EP 合同

2021 年 6 月 15 日，中国能建山西院与山西建设投资集团有限公司签订中非共和国 25 兆瓦光伏发电项目 EP 合同。该项目是当地第一个太阳能光伏项目，业主方为中非共和国能源发展部，由世界银行提供项目建设资金。项目距离首都班吉约 18 公里，建设规模为 25 兆瓦，储能系统容量 25 兆瓦时 –30 兆瓦时，计划 2022 年 8 月投入商业运营。项目建成后，前三年年均净发电量预计达到 3835 万千瓦时，大大缓解首都班吉市的供电压力。

中国能建山西院承建新加坡水上光伏项目并网发电

2021 年 6 月 16 日，中国能建山西院总承包建设的新加坡最大的光伏电站——新加坡腾格水库 60 兆瓦水上光伏项目成功并网发电，该项目也是全球最大的饮用水水库浮体光伏发电项目。项目建成后，所产生的清洁能源将足以为新加坡公用事业局的多家水处理厂供电，满足公用事业局每年 7% 的能源需求。

中国能建承建菲律宾 GBP 光伏电站项目开工

中国能建国际公司参与 EPC 总承包的菲律宾 GBP 115 兆瓦光伏电站项目正式开工。该项目由菲律宾全球能源公司（GBP）投资建设，中国能建菲律宾分公司、中国能建广东院和菲律宾当地合作伙伴组成的联合体总承包建设。

中国能建葛洲坝集团签订尼日利亚 360 兆瓦光伏项目 EPC 合同协议

2021 年 7 月，中国能建葛洲坝国际公司与尼日利亚 FalCore Power & Energy 公司签署了拉各斯 360 兆瓦光伏电站项目 EPC 合同。该项目位于尼日利亚西南部拉各斯省，内容包括 360 兆瓦光伏厂区及相关配套设施的建设。合同工期 24 个月，合同金额约合人民币 17.56 亿元。

三峡能源西班牙光伏电站投资项目完成股权交割

2021 年 8 月，三峡能源所属三峡新能源卢森堡公司顺利完成西班牙 Daylight 57.2 万千瓦光伏电站资产包项目 25% 股权交割。本次收购的西班牙 Daylight 项目包含 13 座光伏电站，总装机 57.2 万千瓦，是西班牙境内最大的光伏运营资产包项目之一，资产质量优良。

泰国诗琳通大坝综合浮体光伏项目全容量并网发电

2021 年 9 月，中国能源建设集团山西院和泰国 B.GRIMM 公司联合总承包、安徽电建二公司承建的泰国国家电力局（EGAT）诗琳通大坝综合浮体光伏项目，全容量并网发电。该项目是泰国最大的浮体光伏项目，也是泰国国家电力局第一个浮体光伏和水电站相结合的综合能源项目。项目位于泰国乌汶府诗琳通水库上，占水域面积约 121 公顷，总安装容量为 58.5 兆瓦。

中国电工签约塞内加尔图巴 10 兆瓦垃圾电厂项目

2021 年 9 月，国机集团中国电力工程有限公司（以下简称“中国电工”）与 MERL 太阳能科技有限公司签署塞内加尔图巴 10 兆瓦垃圾电厂项目合同。该项目采用马丁炉排焚烧技术，拟建设一条日处理量 450 吨的垃圾焚烧线，配套一台余热锅炉以及烟气处理和除尘系统、一台 10 兆瓦凝汽机组，以及垃圾储仓、空冷凝汽器、废水处理、化学水处理、飞灰处理等配套工艺。

山东一建中标巴西 IBS 书城生物质项目

2021 年 9 月，山东一建成功中标巴西 IBS 书城生物质项目，项目位于圣保罗州保利斯塔市，距离圣保罗市 200 多公里。项目装机容量 80 兆瓦，工作范围为 80 兆瓦书城生物质电站以及该项目的线路送出、接入变电站扩建等工作。

上海电力收购日本山口岩国 75 兆瓦光伏项目 100% 股权

2021 年 9 月，国家电投上海电力成功收购日本山口岩国 75 兆瓦光伏项目 100% 股权。山口岩国光伏项目位于日本山口县岩国市，装机容量75兆瓦，已于2019年11月开工，计划于2023年6月并网。项目最终交易对价合计 224 亿日元。

中国电建总承包的越南茶荣 II 号海上风电项目实现商业运行

2021 年 10 月，越南茶荣 II 号海上风电项目顺利通过 72 小时可靠性运行（RRT），可利用率 99.7%，并于 21 日获得越南电网颁发的商业运行证书，正式进入商业运行。该项目位于越南茶荣省巴东海滩风景区，由中国电建华东勘测设计研究院实施，负责海上风场和集电线路部分的设计、采购和施工总承包，是 2021 年越南风电抢装潮 106 个风电项目中第 3 个全容量并网进入商业运行的海上风电场。项目实际总装机 54 兆瓦，“一”字形布置 12 台单机容量 4.5 兆瓦的金风风电机组，轮毂高度 100 米，叶轮直径 155 米，采用无过渡段单桩基础型式。项目于 2021 年 6 月 3 日开始首根单桩沉桩施工，3 个月内完成了全部单桩沉桩施工和风机吊装。

中技公司、中国电建投资波黑最大新能源项目签约开工

2021 年 12 月，波黑伊沃维克风电项目签约暨开工仪式，在北京与项目现场视频连线同步举行。该项目由中技公司、中国电建集团海外投资有限公司联合投资建设，预计总投资额 1.33 亿欧元，被列入 2021 年中国 - 中东欧国家领导人峰会成果清单。该项目是中国 - 中东欧国家领导人峰会成果清单首个落地新能源项目。项目建成后，将成为波黑最大的新能源发电项目，有力促进波黑能源结构转型升级，助力波黑落实碳减排计划，为全球节能减排和“碳达峰”“碳中和”目标提供“中国方案”。

北方国际投资承建的克罗地亚塞尼风电项目正式投运

2021 年 12 月，中国北方工业有限公司所属北方国际合作股份有限公司（以下简称“北方国际”）投资承建的克罗地亚塞尼风电项目并网发电仪式 7 日在该国首都萨格勒布举行，标志着该项目正式投入运营。该项目位于克罗地亚中部沿海城市塞尼，2018 年 11 月开工建设，总投资 1.79 亿欧元，总装机容量 156 兆瓦，采用 39 台单机容量 4 兆瓦的风力发电机组设备，风场面积达 42.8 平方公里。项目正式运营后，预计每年可贡献约 5.3 亿度绿色电力，减少二氧化碳排放约 46 万吨，将为克罗地亚促进能源转型、发展绿色经济提供强劲动力。

9.4 火电

中国电建伊拉克鲁迈拉项目 1 号机组顺利通过可靠性试运行

8 月 7 日，中国电建伊拉克鲁迈拉 730 兆瓦联合循环电站项目 1 号机组顺利通过可靠性试运行，取得了项目建设的重大阶段性成果。该项目位于伊拉克南部城市巴士拉以西约 50 公里，该电厂单循环部分属伊拉克电力部所有。本期通过新增 5 台余热锅炉和 2 台蒸汽轮发电机组及配套附属设备，将现有鲁迈拉电厂由简单循环改造为联合循环。改造扩容后的联合循环机组总容量 707 兆瓦，配置两个动力区。项目建成投产后将为伊拉克南部地区电网提供安全、可靠、清洁的能源保障，对缓解伊拉克南部地区用电紧张、改善民生具有重要意义。

中国水电八局承建印尼北苏三燃煤电站整体投入商业运行

8 月 18 日，中国水电八局承建的印尼北苏三燃煤电站获得印尼国家电力公司最终批复：全部机组满足要求，项目自 2021 年 7 月 1 日起正式进入商业运行。北苏三电站位于北苏拉威西省比通市，是印尼国家电力公司重点发电示范项目。北苏三燃煤电站的顺利投产发电，有效缓解了当地电力紧张情况，为促进当地经济发展提供全新动能。

中国能建承建蒙古国额尔登特电厂扩建工程投产

2021 年 9 月，由中国能建湖南火电承建、华中电力调试院调试的蒙古国额尔登特电厂扩建工程举行投产仪式，标志着电厂全面建成，正式投产发电。蒙古额尔登特电厂扩建工程位于蒙古国额尔登特市，为 50 兆瓦机组扩建工程，于 2019 年签约，是中国援助蒙古国重大合作项目，完全由中国设计、中国制造、中国施工，是“一带一路”标志性项目。

9.5 电力科技

中欧能源技术创新合作提质升级取得新进展

按照《关于落实中欧能源合作联合声明》有关工作安排，中欧能源技术创新合作专项领域工作机制于 2021 年 3 月 31 日正式成立。受国家能源局委托，电力规划设计总院承担中欧能源技术创新合作办公室的相关工作，负责中欧能源技术创新合作工作的总体统筹和协调。

在国家能源局的指导下，中欧能源技术创新合作网络不断发展壮大，企业间开展了高频次的交流与对接活动，中欧能源技术创新合作网络参与单位数量达到 349 家，累计开展了近 50 次交流活动，推动了 10 个务实合作项目，设立了 4 个创新孵化品牌，发布了 4 本研究报告，微信公众号发布了近

100 篇原创文章。中欧双方围绕氢能、智慧能源、热电联产、清洁取暖等领域，匹配与对接优势资源，推动国家电投荆门氢混燃机项目等多项务实工作。围绕“双碳”目标需要，中欧开展的一系列技术联合研发取得初步成果，其中《适应间歇性可再生能源的综合能源系统灵活运行技术研究》等多项研究获得国家科技部重点研发计划资金支持。

中芬能源科技务实合作再上新台阶

2021 年，为落实中芬双方《关于中芬能源领域合作的谅解备忘录》中开展政府间示范项目合作的共识，保障中芬能源合作示范项目的顺利实施，电力规划设计总院（中芬能源合作中方技术支持单位）启动了首批中国 - 芬兰能源合作示范项目评估及第二批示范项目征集有关工作，示范项目主要集中在电力系统灵活性、热电联产、生物质能源、垃圾能源化利用等领域。首批中国 - 芬兰能源合作示范项目名单，一是“广州南沙多位一体微能源网示范工程”，由广东电网广州供电局和芬兰 Heliostorage、Savosolar、Convion 合作，项目通过太阳能集热、基岩储能、燃料电池的多能源优化调控和有机互动，实现智慧园区跨季节储能、高效供能；二是“河南周口地区地热能清洁取暖项目”，由万江新能源集团有限公司与芬兰 Oilon 合作。第二批示范项目候选名单包括华能太仓电厂内燃机耦合发电项目、广州供电局广州电氢一体化低碳项目、华润电力天津宝坻九园工业园区多能互补分布式供能项目、南京杰科丰湖州电厂脱硫废水沉积物能源化利用工艺项目、中芬新能源江苏秸秆干发酵制沼气及综合利用项目。

四 电网发展

Power Grid Development

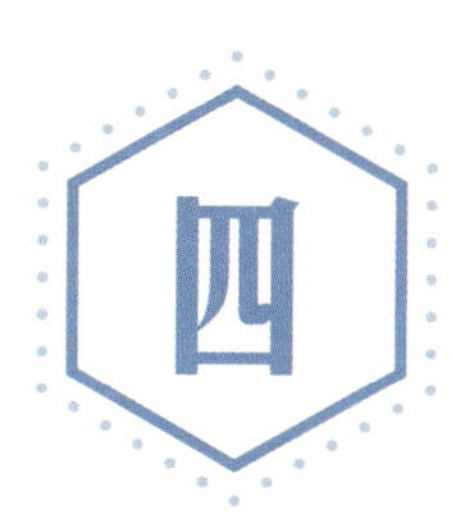

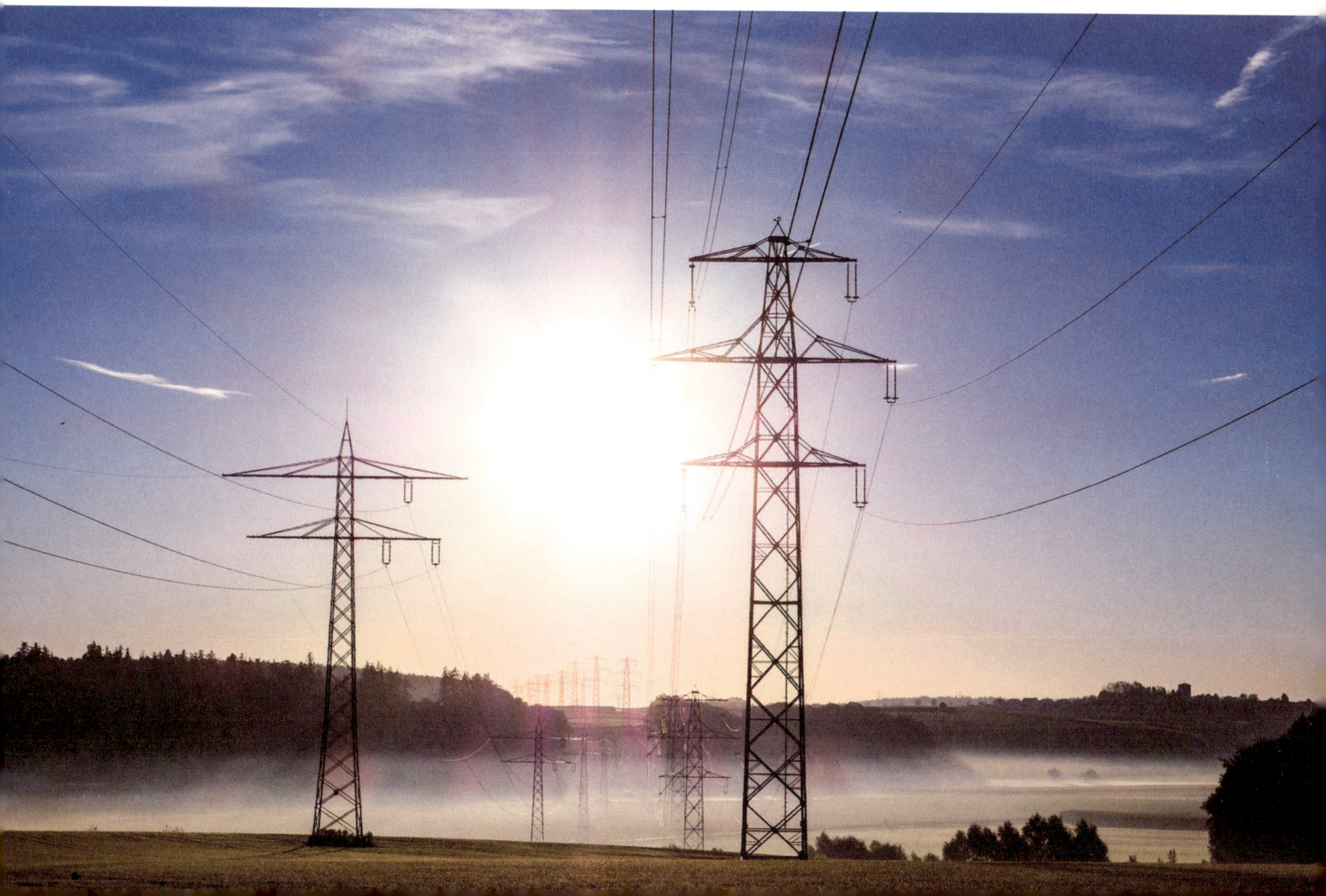

1 输电网

1.1 2021 年发展概况

输电网规模增速保持平稳

220 千伏及以上输电线路长度

↑ 3.8%

220 千伏及以上变电设备容量

↑ 5.0%

1. 输电网规模

截至 2021 年底，全国 220 千伏及以上输电线路长度 84.3 万公里，同比增长 3.8%。其中，交流线路 79.6 万公里，直流线路 4.7 万公里。220 千伏及以上变电设备容量 49.4 亿千伏安，同比增长 5.0%，其中，交流变电设备容量 44.7 亿千伏安，直流换流容量 4.7 亿千瓦。

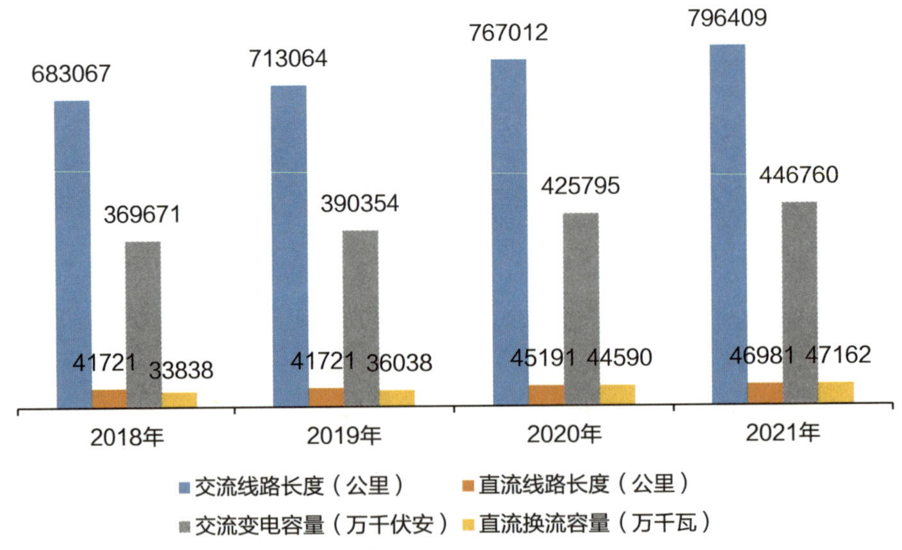

我国输电网建设情况

数据来源：《电力工业统计资料汇编》（2018、2019、2020、2021 年统计快报）

2021 年，全国新增 220 千伏及以上交流输电线路 2.9 万公里，其中 220 千伏线路 17487 公里，占 59.5%；330 千伏线路 823 公里，占 2.8%；500 千伏线路 8145 公里，占 27.7%；750 千伏线路 2235 公里，占 7.6%；1000 千伏线路 690 公里，占 2.3%。

2021 年，全国新增 220 千伏及以上变电容量 2.4 亿千伏安，其中

220 千伏变电容量 9810 万千伏安，占 40.3%；330 千伏变电容量 576 万千伏安，占 2.4%；500 千伏变电容量 10348 万千伏安，占 42.5%；750 千伏变电容量 1800 万千伏安，占 7.4%；1000 千伏变电容量 1800 万千伏安，占 7.4%。

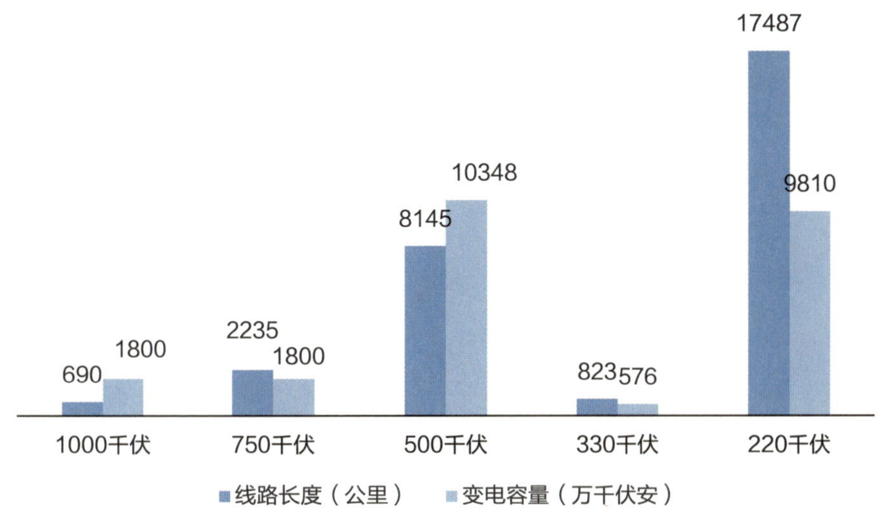

2021 年新增 220 千伏及以上交流电网线路及变电容量

数据来源：《电力工业统计资料汇编》（2021 统计快报）

2. 西电东送

截至 2021 年底，我国西电东送规模约 2.9 亿千瓦，同比增长 6.7%。其中，北通道为 7589 万千瓦，同比增长 2.7%；中通道为 15188 万千瓦，同比增长 11.8%；南通道为 5852 万千瓦，与去年持平。

西电东送规模
2.9 亿千瓦

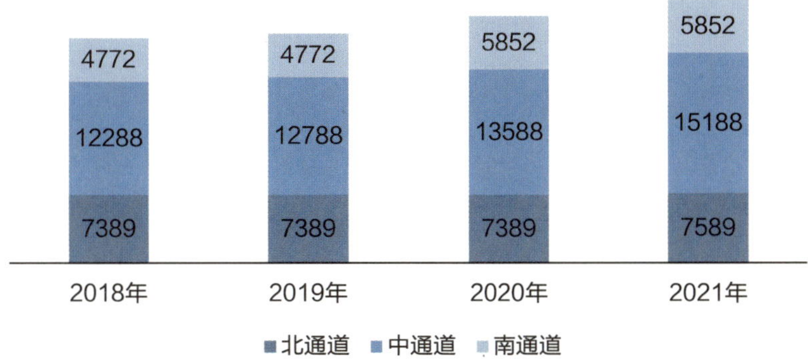

2018~2021 年西电东送规模（万千瓦）

数据来源：相关工程可行性研究报告、电网公司

2021 年各省间主要断面输电能力如下：

2021 年各省间主要断面情况

区域	主要断面	省间联络线路回路数						设计输电能力万千瓦
		330千伏	500千伏	750千伏	1000千伏	±500千伏	±800千伏	
东北	辽－吉、蒙断面		12			1		1370
	黑－吉断面		4					320
华北	蒙西－京津冀断面		4					420
	山西－京津冀断面		11		4			2700
	京津冀－山东断面		4		6			2400
西北	新疆－甘肃断面			4				400
	甘肃－陕西断面			4				700
	甘肃－青海断面			6				700
	甘肃－宁夏断面			4				700
华中	渝－鄂断面[注]					2		500
	川－渝断面		6					600
	鄂－湘断面		3					300
	鄂－豫断面		4		1			500
	鄂－赣断面		3					300
	湘－赣断面				2			200
	川－藏断面		2					川－藏 70 藏－川 100
	川－赣断面						1	800
华东	皖－江浙沪断面		7		4			1950
	闽－江浙沪断面		2		2			450
南方	云南出口断面[注]					5	4	4220
	贵州出口断面		5			2		1150
	两广断面		8			5	4	4290

数据来源：相关工程可行性研究报告

注：渝鄂断面输电能力为渝鄂背靠背联网，云南出口断面输电能力含鲁西背靠背异步联网

2021 年，全国实现省间交易电量约 14844 亿千瓦时，较上年增长 6.9%。其中，省间市场化交易电量 7051 亿千瓦时，同比增长 21.0%，占省间交易总电量的 47.5%。

省间交易电量保持快速增长

全国省间交易电量

↑ 6.9 %

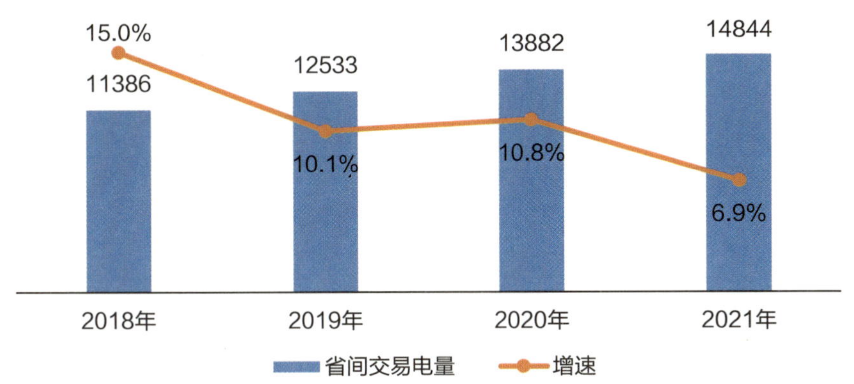

2018~2021 年省间交易电量（亿千瓦时）

数据来源：北京电力交易中心、广州电力交易中心

3. 电网结构与格局

目前，全国已形成以东北、华北、西北、华东、华中东四省、川渝藏、南方七大区域电网格局。其中，东北形成了 500 千伏主网架结构，华北形成了“两横三纵一环网”交流特高压主网架，西北形成了 750 千伏主网架，华东形成 1000 千伏特高压环网，华中东四省与川渝藏电网实现异步互联，川渝电网实现了与藏中的 500 千伏联网，南方电网形成了“八交十一直”的西电东送主网架。截至 2021 年底，全国 330 千伏及以上跨区、跨省交流输电线路约 188 条，线路长度约 33027 公里；直流输电线路（含背靠背）共 34 条，线路长度 47480 公里，直流背靠背工程 5 项。

东北电网

东北电网目前已发展成为北与俄罗斯“直流背靠背”联网、南部和西部分别与华北电网“直流背靠背”和“直流特高压”联网、自北向南交直流环网运行的区域性电网，500 千伏主网架已经覆盖东北地区的绝大部分电源基地和负荷中心。截至 2020 年底，东北区域（含内蒙古东部地区）内 500 千伏及以上变电容量 13012 万千伏安；500 千伏及以上交流线路长度约 26706 公里；直流输电线路（含背靠背）4 条，额定输电容量 1675 万千瓦（包括扎鲁特输送容量）。

500 千伏及以上变电容量

13012 万千伏安

500 千伏及以上交流线路长度

26706 公里

500 千伏及以上变电容量
48851 万千伏安
500 千伏及以上交流线路长度
48841 公里

华北电网

华北地区已建成胜利—锡盟—北京东—天津南—济南、蒙西—晋北—雄安（北京西）—天津南、榆横—晋中—石家庄—济南—潍坊、山东扩大环网、张北—雄安—石家庄、蒙西—晋中 1000 千伏输变电工程和锡泰、雁淮、鲁固、昭沂特高压直流工程，形成了“两横三纵一环网”交流特高压主网架，区内以内蒙古西部电网、山西电网为送端，以京津冀区域为受端负荷中心，形成西电东送、北电南送的送电格局。截至 2020 年底，华北区域（含内蒙古西部地区）内 500 千伏及以上变电容量 48851 万千伏安；500 千伏及以上交流线路长度约 48841 公里；直流输电线路（含背靠背）6 条，额定输电容量 4500 万千瓦。

500 千伏及以上变电容量
49453 万千伏安
500 千伏及以上交流线路长度
39004 公里

华东电网

华东地区围绕长三角形成 1000 千伏网架，并向南延伸至福建，省间联络通道电压等级为 1000 千伏，上海、江苏、浙江、安徽、福建均已形成较强的 500 千伏主网架。截至 2020 年底，华东区域内 500 千伏及以上变电容量 49453 万千伏安；500 千伏及以上交流线路长度约 39004 公里；直流输电线路 11 条，额定输电容量 6980 万千瓦。

500 千伏及以上变电容量
25730 万千伏安
500 千伏及以上交流线路长度
31902 公里

华中东四省电网

华中东四省电网目前已建成以三峡外送通道为中心、覆盖豫鄂湘赣四省的 500 千伏骨干网架，河南通过 1000 千伏南荆线、4 回 500 千伏线路与湖北电网相连，湖南、江西均通过 3 回 500 千伏线路与湖北电网相连，湖南通过 2 回 1000 千伏长沙至南昌线路与江西电网相连。截至 2021 年底，华中区域内 500 千伏及以上变电容量 25730 万千伏安；500 千伏及以上交流线路长度约 31902 公里；直流输电线路 13 条（含背靠背），额定输电容量 5931 万千瓦。

川渝藏电网

川渝藏电网目前已建成以川渝电网为中心，涵盖川渝藏三省市区的 500 千伏主干网架，川藏、川渝间分别建成 2 回、6 回 500 千伏联络线。截至 2021 年底，川渝藏区域内 500 千伏及以上变电容量 14045 万千伏安；500 千伏及以上交流线路长度约 24562 公里；直流输电线路（含背靠背）8 条，额定输电容量 3820 万千瓦。

500 千伏及以上变电容量
14045 万千伏安
500 千伏及以上交流线路长度
24562 公里

西北电网

西北电网形成了以甘肃电网为中心的坚强 750 千伏主网架，新疆、陕西、宁夏电网均通过 4 回 750 千伏线路与甘肃电网相连，青海电网通过 6 回 750 千伏线路与甘肃电网相连。截至 2021 年底，西北区域内 330 千伏及以上变电容量 40776 万千伏安；330 千伏及以上交流线路长度约 61939 公里；直流输电线路（含背靠背）9 条，额定输电容量 5271 万千瓦。

330 千伏及以上变电容量
40776 万千伏安
330 千伏及以上交流线路长度
61939 公里

南方电网

南方电网以云南、贵州为主要送端，广东、广西为主要受端，形成了“八交十一直”[注]的西电东送主干网架，继续维持云南电网与南方电网主网异步运行。截至 2021 年底，南方电网区域内 500 千伏及以上交流变电容量 29050 万千伏安；500 千伏及以上交流线路长度约 45466 公里；直流输电线路（含背靠背）14 条，额定输电容量 5240 万千瓦。

500 千伏及以上变电容量
29050 万千伏安
500 千伏及以上交流线路长度
45466 公里

注：“八交十一直”采用南网口径，不包括永富直流和鲁西背靠背。

4.2021 年投产的重点输电通道

2021 年，投产各类直流项目 2 条，投产 1000 千伏特高压交流输电通道 1 条，500 千伏送出通道 1 条。

2021 年投产重点输电通道情况

类型	通道名称	电压等级（千伏）	输电容量（万千瓦）	输电距离（千米）	投产时间
直流	雅中至江西特高压直流输电工程	±800	600（800）	1711	2021 年 6 月
	陕北至武汉特高压直流输电工程	±800	300（800）	1136	2021 年 12 月
交流	南昌至长沙特高压交流输变电工程	1000	600	345	2021 年 12 月
	鲤鱼江电厂送出工程	500	200	15	2021 年 10 月

数据来源：相关工程可行性研究报告、电网公司

1.2　未来三年重点输电通道展望

1. 在建重点输电工程

目前全国在建重点输电工程 7 项，其中 1000 千伏特高压交流输电工程 4 项，±800 千伏特高压直流输电工程 2 项。

在建重点输电工程

分类	输电通道	电压等级（千伏）	输电容量（万千瓦）	输电距离（千米）	拟投产时间
交流	荆门至武汉特高压交流输变电工程	1000	—	238	2022 年 12 月
	南阳至荆门特高压交流输变电工程	1000	—	313	2022 年 12 月
	荆门至长沙特高压交流输变电工程	1000	—	377	2022 年 12 月
	驻马店至武汉特高压交流输变电工程	1000	—	286	2023 年

续表

分类	输电通道	电压等级（千伏）	输电容量（万千瓦）	输电距离（千米）	拟投产时间
直流	白鹤滩至江苏特高压直流输电工程[注1]	±800	800	2172	2022 年 12 月
	白鹤滩至浙江特高压直流输电工程	±800	800	2193	2023 年
	闽粤联网工程	±500	200	–[注2]	2022 年 10 月

数据来源：相关工程可行性研究报告、电网公司

2. 正在论证的大型电源基地输电通道

目前，正在论证的大型水电或综合能源及新能源基地输电通道和电网工程如下：

正在论证的大型电源基地输电通道和电网工程

序号	名称
1	金沙江上游（川藏段）外送输电通道（金上至湖北直流）
2	陇东综合能源基地外送输电通道（陇东至山东直流）
3	新疆天山北麓戈壁大型风电光伏基地外送输电通道（哈密至重庆直流）
4	川西清洁能源外送输电通道（川渝特高压交流）
5	宁夏腾格里沙漠大型风电光伏基地外送输电通道（宁夏至湖南直流）
6	蒙西库布齐沙漠大型风电光伏基地外送输电通道（蒙西至京津冀直流）
7	晋北采煤沉陷区大型风电光伏基地外送输电通道（大同—怀来—天津北—天津南特高压交流）
8	陕西大型风电光伏基地外送输电通道（陕西至河南直流）
9	陕北大型风电光伏基地外送输电通道（陕北至安徽直流）
10	甘肃腾格里沙漠大型风电光伏基地外送输电通道（甘肃至浙江直流）
11	藏东南清洁能源基地外送输电通道（藏东南至粤港澳大湾区直流）
12	张北—胜利特高压交流输变电工程

注 1：白鹤滩至江苏特高压直流输电工程换流站与部分线路核准开工，预计 2022 年 6 月单极投运，2022 年底全部投运。

注 2：闽粤联网工程为直流背靠背联网工程，工程涉及新建 500 千伏交流线路，路径长度 152 千米。

2 配电网

2.1 2021 年发展概况

当前，配电网由单向无源网络向供需互动的有源网络加速演变，分布式电源、储能、微电网、电动汽车、新型交互式用能等设备大规模接入，以及用户深度参与互动的需求，给配电系统带来更多不确定性、随机性。为应对挑战，电网企业纷纷加大在智能配电、有源配电网、微电网等方面的投资比重。

截至 2021 年底，全国主要电网公司管理区域内高压配电网变电容量约 24.3 亿千伏安，比去年同期增长约 4.7%，高压配电网线路长度约 115.0 万公里，比去年同期增长约 1.6%。

2.2 2022 年配电网建设预期

2022 年全国配电网建设规模仍将稳步增长

“十四五”是巩固拓展脱贫攻坚成果，实施国家乡村振兴战略的关键期，2022 年应全面加强农村电力供应保障，着力提升农村地区电气化、电网智能化水平。预计 2022 年全国配电网建设规模仍将稳步增长，至 2022 年底，全国主要电网公司管理区域内高压配电网变电容量将达到约 25.7 亿千伏安，将比 2021 年同期增长约 5.8%，高压配电网线路长度将达到约 119.8 万公里，将比 2021 年同期增长约 4.2%。

3 智能电网

3.1 2021 年发展概况

1. 输变电领域

智能电网建设持续深化

智能调度系统

至 2021 年底，国家电网所辖区域所有地市及以上调度控制中心均采用智能电网调度控制系统，河北、浙江、江苏、青海等省公司以及雄安、宁波、苏州等地市公司已开展新一代调度控制系统建设。同时，国网正在推进新一代集控站监控系统建设。南方电网五省区加快推广一体化电网运行智能系统（OS2）应用，开展基于云边融合的智能电网调度运行平台建设，构建“网省系统级控制”“地调监控操作”的调度业务体系。内蒙古电力公司省级调度系统主备调均采用 D5000 平台，2021 年底备用调度 D5000 系统投运，并逐步推进各盟市调控系统 D5000 新建及改造应用。

智能变电站

2021 年，国家电网开展自主可控新一代变电站试点建设及应用，持续推进就地化保护、一键顺控、数字孪生等智能变电站技术，由中国能建江苏院主编的行业标准《智能变电站监控系统设计规程》发布。南方电网公司首个智能变电站过程层网络在线管控系统在江门 220 千伏盘允变电站建成投运，并持续推进 16 个智能变电站试点工程建设。内蒙古电力公司大力开展智能变电站建设，持续推进通辽奈曼 500 千伏变电站、满洲里 500 千伏变电站、向德（乌兰布和）220 千伏变电站、乌兰察布东宇 220 千伏变电站等智能化改造，提升电网智能化水平。相关机构预测“十四五”期间智能变电站将新建 7411 座，在运改造 39 座。

智能巡检及监测设备

目前，全国主要电网公司继续加强输变电领域智能化巡检及监测。在输电领域，推广直升机、无人机、地缆隧道机器人等巡检技术及线路故障精确定位、雷电监测等在线监测技术；在变电领域，推广高清摄像头、红外检测、可见光识别等巡检技术及变压器油中溶解气体、闭式气体绝缘组合电器（GIS）局部放电、铁芯接地电流等在线监测技术。2021 年，南方电网公司无人机作业规模超过 56 万公里，基本实现重要输电线路直升机、无人机巡检全覆盖；汕头供电局 500 千伏胪岗变电站成为南网首个实现无人机全面自动巡视的 500 千伏变电站。

2. 智能配电领域

目前，全国主要电网公司均积极开展智能配电新技术研究与应用。“十四五”期间，国家电网配电网投资占电网总投资比例将达到 60%，南方电网配电网投资占电网总投资比例将达到 50%，两网总计配电网投资达到 1.5 万亿元，配电网迎来巨大的发展机遇。配电网投资除了加强城镇配电网建设，巩固提升农村电网，落实国家新型城镇化、乡村振兴战略外，智能化发展领域投入将显著增加，加快完善智能化终端、配电通信网，提升配电自动化能力，大幅提升调度运行系统对配电网的感知和控制能力，以及配电网的自适应能力。一、二次融合将显著加强，依托开关、配变、线路等设备与二次设备集成，形成完整的信息采集、感知、处理、应用等环节智慧物联体系。无人机、机器人、视频监控等智能终端将广泛应用，提高全息感知和泛在互联能力，打造数字孪生电网。

3. 智能用电领域

“互联网 +”应用

2021 年，国家电网“互联网 + 督察”平台在“i 国网”上线，深化“互联网 +”服务和“云大物移智”应用创新，有力支撑我国疫情防控和企业复工复产。北京、江苏、湖北等 26 个省区市全面推行“互联网 +”服务，引导客户线上办理电费缴纳、电费查询、故障报修等业务，确保 95598 电话、网上国网“7×24 小时”不间断服务。南方电网五省区深化互联网统一服务平台应用，发挥 95598、网上营业厅、掌上营业厅、微信公众号等渠道优势，让客户办电“一次都不跑”。内蒙古电力公司推行线上服务，主要包括蒙电 E 家 APP、微信公众号、95598 网站以及“我要办电”业务模块，加强客户“零上门”的多渠道宣传，可在线查看各类办电业务指南，实时查询业务办理进度，通过电话、微信等非面对面方式指导客户优先网上缴费和办理业务，最大限度减少“临柜”客户数量。

智能计量设备

截至 2021 年底，国家电网、南方电网已基本实现智能电表全覆盖，内蒙古电力公司供电范围内智能电表覆盖率超过 97.57%，有力支撑了精益管理和服务创新，也为疫情防控提供了数据支撑。当前，智能电表进入集中轮换期，全国主要电网企业纷纷开展新型智能电表的研发和推广应用，强化负荷监测、智能费控、有序充电等功能。2021 年湖南电力在长沙、湘潭的 5 个低压台区首批试点安装 543 只智能物联电能表，实现非介入式负荷识别功能的智能物联电能表的首批挂网应用；江苏电力推出可远程升级软件的多芯模组化负荷分析电能表，可准确识别家庭典型电器的分时用电详情。

电动汽车充电设施

2021 年，中国充电联盟统计我国充电桩增量为 93.6 万台，同比增长 193%。其中，公共充电桩增量 34 万台，同比增长 89.9%，月均增量约 2.83 万台；随车配建充电桩增量达到 59.7 万台，同比暴涨 323.9%。2021 年充电基础设施数量与新能源汽车销量均出现爆发式增长，桩车增量比为 1:3.7。

全国充电站分布相对集中于京津冀鲁、长三角和珠三角地区，其中广东省 11633 座、江苏省 6701 座、浙江省 6001 座、上海市 5870 座、北京市 5850 座。

需求侧响应

2020 年，国家电网印发《电力需求响应工作两年行动计划（2020-2021 年）》，旨在进一步挖掘需求侧资源。2021 年夏季以来，网上国网 App 面向企业和居民用电用户发起邀约 328 万次，点击次数突破 64 万，响应负荷 220 万千瓦。2021 年，南方电网建立需求侧响应市场化疏导机制，推动落实分时电价机制。

4. 数字化转型领域

“十三五”期间，智能电网经过多年实践和探索，数字化转型的内涵逐步呈现，数字化、网络化、智能化的主线更加凸显。国家电网公司高度重视数字化转型工作，2021 年国家电网数字化建设全面提速，以“一体四翼”发展布局、数字化转型发展战略纲要为引领，赋能专业发展和基层一线成果丰硕，数据管理和电力大数据应用成效初显，新技术应用与商务拓展实现突破，网络安全工作再创佳绩，系统稳定运行保障有力，有效支撑了电网高质量发展。2021 年，南方电网公司数据治理水平进一步提升，发布《数字电网推动构建以新能源为主体的新型电力系统白皮书》《南方电网建设新型电力系统行动方案（2021-2030 年）白皮书》，加快实施一批示范项目，依托数字电网建设，多措并举构建新型电力系统。

5. 全域网络安全领域

随着电网数字化、智能化程度不断提高，全域网络安全已成为电力系统本质安全的重要内涵。2021 年国网互联网部下发了《关于开展调度业务网厂信息交互平台及互联网大区截图网络安全防护试点建设工作的通知》，同时编制并试行了《自主可控新一代变电站二次系统技术规范》等系列标准，有效防范并网厂站网络安全风险，提升公司网络安全防护能力。南方电网公司在"五区两网"网络结构中，按照"全域防御、纵深防御"理念，构建了"实战化、体系化、常态化"的网络安全综合防护体系，全面实行"严防外部攻击""严防内外网突破""严防攻击危害蔓延"，筑牢三层网络安全防线。内蒙古电力公司建立了栅格状的电力监控安全防护体系，实现网络空间安全的实时监控和有效管理。同时，加大安全领域创新投入力度，持续加强公司网络安全技术防护体系建设。

3.2 智能电网相关项目进展

试点示范项目多点开花，智能电网发展方向逐渐清晰

1. 三峡乌兰察布新一代电网友好绿色电站示范项目

2021 年，三峡乌兰察布新一代电网友好绿色电站示范项目启动一期工程，发电总容量 500 兆瓦，包括风电 425 兆瓦、光伏 75 兆瓦，同时新建一座 220 千伏升压储能站及智慧联合集控中心，配置 140 兆瓦时（2 小时）锂电池储能。目前，一期工程已建成并成功投运。本项目的实施，不仅有效提供电力支撑缓解乌兰察布市电力供应紧张问题，同时能够大幅度提升本地新能源消纳水平。项目建成后将成为全球电化学储能装置配置最大的单体新能源场站，全面促进储能产业的科技创新应用。通过建设智慧联合集控中心，打造新一代电网友好绿色电站示范项目的"中枢大脑"，加强与电网、负荷实时运行数据的耦合，加强与电网调度交易中心的互动，可适应电力市场的复杂运行环境。

2. 江苏南京江北新区虚拟电厂示范项目

2021 年 1 月，江苏南京供电公司江北新区智慧能源协调控制系统上

线虚拟电厂模块，该模块在不改变分布式能源并网方式的前提下，通过串联分布式光伏、储能设备及各类可控负荷，参与电网调峰辅助服务市场，按需增减各类能源使用比例。在用电高峰时段，应用虚拟电厂模块最大可下调负荷643620千瓦，缓解负荷高峰时段电网运行压力。同时，江北新区智慧能源协调控制系统通过构建分布式能源交易平台，在用能客户内部开展能源互补交易，充分释放虚拟电厂的集聚效应和多能互补能力。在可控负荷的聚合方面，该项目创新地接入了电动汽车充电桩、光伏、用户侧储能等，未来计划接入电网侧储能等多类型数据，从而实现能源系统“源－网－荷－储”的互补协同运行，提升能源综合利用效率，支撑城市能源互联网智慧运营。

3. 南方电网“云边融合”智能调度运行平台应用示范

2021年，南方电网公司落实国家战略部署，全面推动构建新型电力系统。在此背景下，南方电网与阿里云进一步合作，全面升级调度云平台，构建云边融合的智能调度运行平台。云边融合整体技术架构是在原有网省地站多级架构上的一次升级和完善，通过构建云端平台，建立统一分析决策、汇聚数据信息的中心平台，将现有主站系统有机地整合与联系起来，形成一个智慧的电力调度“大脑”。该平台采用阿里云专有云最新Aspara Stack 2.0架构，支持一云多芯和云边一体架构，打造大数据+AI+云超算产品体系，实现调度云向“超级大脑＋智能边缘”两级融合的系统架构升级。平台既能满足南方电网调度业务数字化需求，同时能够实现大电网自主巡航、电力市场有序运转、新能源高效吸纳、系统资源最优利用。

4 电网技术创新

4.1 超导电缆输电技术

超导电缆输电技术被誉为下一代电力传输前沿性技术，具有线损低、传输容量大、走廊占地小、环境友好等优点。电力输送过程中损耗几乎为零，传输容量远大于常规电缆。一条 10 千伏三相同轴高温超导交流电缆的输电能力相比一条常规 110 千伏电缆大，但输电损耗仅是常规电缆的 20% ~ 25%，适用于高负荷密度区域供电。

2021 年 9 月，我国首条自主研制的 10 千伏新型超导电缆在深圳投运，为粤港澳大湾区深圳平安金融中心带来高可靠性供电。电缆直径 17.5 厘米、长 400 米，输电容量 43 兆伏安，采用三相同轴构型，结构型式紧凑、带材用量少、研发难度大，标志着我国已掌握新型超导电缆设计、制造、建设的关键核心技术。

2021 年 12 月，我国首条公里级高温超导电缆示范工程在上海投运，是目前世界上距离最长、输送容量最大、商业化运行的 35 千伏高温超导电缆输电工程。工程位于徐汇商业区，连接两座 220 千伏变电站，线路全长 1.2 公里，额定电流 2200 安，全程采用排管敷设工艺，解决了窄通道大容量输电难题，标志着我国超导输电应用迈入全球领先行列。

上海 35 千伏超导电缆工程

4.2 海上风电柔性直流输电技术

当前，制约海上风电发展的一项关键技术是并网发电技术。其中，工频交流送出方式多适用于离岸70公里之内、容量400兆瓦以下的近海风场；低频交流送出可以在一定限度内提升输电距离，但目前大容量交流变频设备在技术上尚不成熟。采用常规直流并网，因不具备生产无功能力，且占地面积较大，易发生换相失败，难以适用海上风电并网。柔性直流输电作为新一代直流输电技术，继承了常规直流优点的同时，避免了常规直流并网存在的问题。主要体现在：

●通过直流方式并网，无需风电场与所连接的交流电网保持同步

●采用以IGBT为代表的全控型器件，能够独立控制换流器的无功功率，为风电场提供动态无功支撑

●具有良好的故障穿越性能，能够最大限度隔离风电场和并网交流电网故障时的相互影响。没有换相失败的风险，减小了风机因低压脱网的概率

●占地面积小，适合海上风电场的应用

●能够在风电场发生严重故障时，实现故障后快速恢复

柔性直流输电技术已成为海上风电并网的最佳选择。2021年12月25日，如东海上风电柔性直流输电示范工程实现全容量并网，是目前世界上容量最大、电压等级最高、亚洲首个海上风电柔性直流输电工程。该工程汇聚了如东H6、H8、H10三个海上风电场、共110万千瓦装机，通过海上柔直换流站变换成±400千伏直流输送至华东电网，预计每年可输送清洁电力33亿千瓦时，具有显著的经济和社会效益。项目攻克了海上换流站建造、直流海缆研发等多项重大技术难题，填补了国内海洋工程领域多个技术空白，对推动我国远海大容量风电开发建设具有重要意义。

如东海上柔性直流换流站

5 电网国际合作

5.1 电力规划

澜沧江 - 湄公河电力互联互通走深走实

加强区域内电力互联互通合作，建立区域统一电力市场，是澜沧江－湄公河（简称“澜湄”）区域发展的共识。2016 年以来，澜湄六国领导人讲话以及各国共同发布的《三亚宣言》、《金边宣言》、《万象宣言》和《澜湄合作五年行动计划（2018–2022）》等系列成果文件中，均将电力互联互通作为澜湄合作的优先领域。

2021 年，电力规划设计总院与南方电网公司联合主办了 2 期澜沧江－湄公河电力互联互通培训班，培训聚焦碳中和背景下电力互联互通的新形势、新挑战和新技术，培训主题分别为“电力系统调度技术协同发展，助力澜湄国家电力互联互通”和“电力新技术，为澜湄国家带来更加可靠、经济、绿色的电能供应”。授课内容主要包括中国电力工业发展经验、高比例可再生能源电力系统、电网工程建设及先进技术、氢能技术、新型储能技术、电力市场建设、电力项目商业模式等。来自老挝、缅甸、柬埔寨、泰国、越南等澜湄国家的政府能源主管部门官员，以及各国电力企业、研究机构和国际组织的高管、技术骨干约 60 人参加了培训。在 2021 年举行的第二届“一带一路”能源部长会上，澜沧江－湄公河电力互联互通培训项目被评为能源国际合作最佳实践案例，大会评价该培训项目为“提升澜湄区域电力行业管理水平，赋能各国电力高质量发展”。

中蒙电力合作研究持续深化拓展

中蒙两国是山水相连的友好邻邦，是全面战略伙伴关系，两国关系近年来保持了良好发展势头。能源领域是中蒙两国重点合作领域之一，对于巩固和加强两国全面战略伙伴关系，推动中国“一带一路”倡议同蒙古国“草原之路”倡议对接实施具有重要意义。2014 年 5 月，国家能源局与蒙古国能源部签署了《关于能源领域合作的谅解备忘录》，建立中蒙能源联合委员会机制以推动双方能源领域合作。2015 年 8 月，中蒙能源联合委员会第二次会议召开，双方围绕中蒙两国在电力、煤炭、新能源等领域的合作事宜深入交换了意见，并同意启动《中蒙能源合作规划》（以下简称“规划”）的研究。2021 年，国家能源局和蒙古国能源部同意由电力规划设计总院和蒙古国能源经济研究院共同负责《规划》滚动更新工作。双方深刻领会习近平主席提出的“中国将大力支持发展中国家绿色低碳能源发展，不再新建境外煤电项目”政策宣示以及《蒙古国能源政策 2015-2030》关于能源绿色发展的要求，充分考虑全球能源低碳转型形势，明确中蒙双方在能源领域合作基本情况、合作潜力、规划原则和目标、重点合作项目以及支持政策，形成《中国 - 蒙古国绿色能源合作规划》初稿。

5.2 电网项目

国家电网中标巴西输电绿地特许权项目

2021 年 4 月，巴西电监局（ANEEL）正式将 2020 年 001 号输电绿地特许权项目 1 标段授予国家电网巴控公司。1 标段项目位于巴西中部戈亚斯州，工程范围为新建 500 千伏输电线路 198 公里，新建 500 千伏变电站 1 座，扩建 500 千伏变电站 1 座，工期 48 个月。工程将接入巴控公司在运资产，协同效应良好。同时，该项目还是巴西规划从东北部新能源基地至首都巴西利亚负荷中心区，总长约 1500 公里的巴西第三回 ±800 千伏特高压直流项目的落点交流变电站，承担着向首都巴西利亚供电的重要职能，战略意义重大。

中国能建牵头设计的巴基斯坦默蒂亚里—拉合尔 ±660 千伏直流输电工程启动送电

2021 年 6 月 25 日，巴基斯坦默蒂亚里—拉合尔 ±660 千伏直流输电工程启动送电仪式在中国北京和巴基斯坦伊斯兰堡通过视频方式同步举行，标志着默拉直流输电工程开始大负荷送电。默拉直流工程是中巴两国共建“一带一路”、中巴经济走廊框架下的重点工程，也是巴基斯坦电压等级最高、输电容量最大、输送距离最远的输电大通道，包括两座 ±660 千伏直流换流站、886 公里直流输电线路及相关配套工程。默拉直流输电工程将巴基斯坦南部的电力输送到巴基斯坦北部负荷中心，不仅满足用电需求，也将提高巴基斯坦电网的稳定性和经济性。

中国能建签署埃及 - 沙特 ±500 千伏超高压直流输电线路项目 EPC 合同

2021 年 10 月，由中国能建、西电和埃及吉萨电缆工业公司组成的联合体，与埃及输电公司成功签署埃及 - 沙特 ±500 千伏超高压直流输电线路项目 EPC 合同。该项目是中东北非区域电压等级最高、输送距离最长的直流输电项目，以建设中东地区最大的输电网络为目标，通过电力互联打造地区电力交换中心，促进地区电力贸易。项目起点为埃及巴德尔换流站，终点为沙特阿拉伯塔巴换流站，线路总长 335 公里，将成为埃及与周边地区电网互联互送的标杆性项目，也是全球能源互通跨洲互联规划的重要组成部分。该项目的建设将对优化埃及电力系统结构、增加就业、促进当地经济社会发展具有重要意义。

5.3 我国与周边国家电力互联互通

我国已与俄罗斯、蒙古、吉尔吉斯斯坦、朝鲜、缅甸、越南、老挝共 7 个国家实现了电力互联及边贸，主要为周边国家的边境设施及偏远地区供电，具有电压等级低、供电规模小的特点。

2021 年，我国与周边国家电网互联规模合计约 309 万千瓦。我国进口电量 54.63 亿千瓦时，出口电量 19.567 亿千瓦时，总进出口电量仅占我国全社会用电量的 0.09%。

2021 年我国与周边国家电力互联互通及电力边贸情况

国别	联网线路	进口电量（亿千瓦时）	出口电量（亿千瓦时）
中俄	1 回 500 千伏线路及背靠背 2 回 220 千伏线路 1 回 110 千伏线路	39.7	/
中蒙	2 回 220 千伏线路 3 回 35 千伏线路 6 回 10 千伏线路	/	13.827
中朝	1 回 10 千伏线路	/	0
中缅	1 回 500 千伏线路； 2 回 220 千伏线路 2 回 110 千伏线路 8 回 35 千伏线路 36 回 10 千伏线路	14.93	5.74
中越	3 回 220 千伏线路 4 回 110 千伏线路	/	0
中老	1 回 115 千伏线路 3 回 35 千伏线路	/	0

注：1. 中－吉间两回交流输电联网已停用

2. 中－朝间因朝境内线路损坏已停运

五 供需形势

Supply and Demand Situation

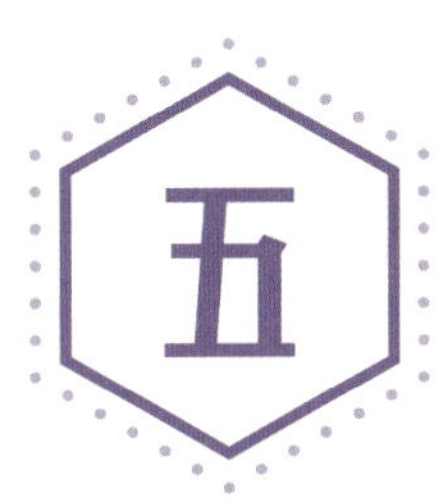

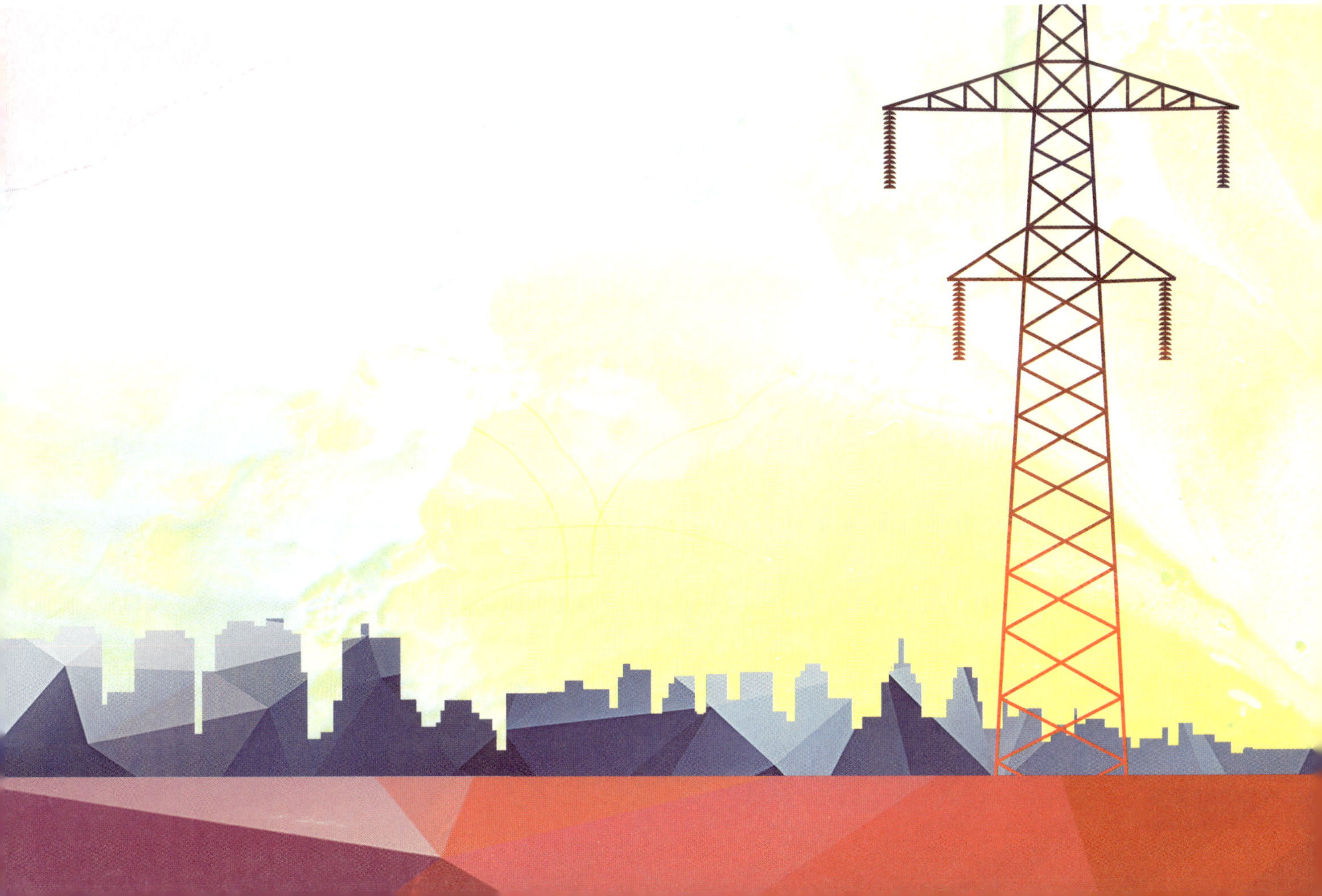

1 2021 年电力供需概况

2021 年，面对复杂严峻的国内外形势和诸多风险挑战，党中央贯彻落实中央经济工作会议精神，完整、准确、全面贯彻新发展理念，扎实做好“六稳”“六保”工作，我国经济增速高于预期目标，带动全社会用电量持续恢复性增长。受工业生产快速恢复、冬季寒潮夏季持续高温天气、能耗双控、煤炭价格大幅上涨、来水偏枯偏晚等综合因素影响，前三季度全国电力供需总体偏紧，多个省级电网陆续采取有序用电措施。受煤电价格上涨持续影响，部分地区电力供需偏紧形势延续至四季度初期，随着国家稳供保价政策相继出台和落地，迎峰度冬期间，全国电力供需偏紧形势逐步缓解。其中：

华北地区电力供需总体平衡。二季度以及迎峰度夏期间，蒙西电网存在电力供需偏紧情况；迎峰度冬期间蒙西电网延续电力供需偏紧形势，山西出现电力供需偏紧情况。

东北地区电力供需总体平衡。9 月部分时段电力供应紧张；迎峰度冬期间黑龙江出现电力供需偏紧情况。

西北地区电力供需总体平衡。迎峰度冬期间青海出现电力供需偏紧情况。

华东地区电力供需总体平衡。一季度江苏、安徽等地区出现电力供需偏紧情况；迎峰度冬期间江苏、福建出现电力供需偏紧情况。

华中地区电力供应偏紧。一季度湖南、江西、四川等地区出现电力供需偏紧的情况；迎峰度夏期间，湖南、河南、重庆存在一定电力供需偏紧的情况，江西延续上年电力供需偏紧形势；迎峰度冬期间湖南、江西存在电力供需偏紧情况。

南方地区电力供应偏紧。二季度广东、广西、云南出现一定电力供需偏紧的情况；迎峰度夏期间广东、广西、云南延续电力供需偏紧形势，贵州出现一定电力供需偏紧的情况；迎峰度冬期间广东存在电力供需偏紧情况。

2 未来三年电力供需分析

综合考虑国际形势日益复杂严峻、新冠病毒变异导致疫情防控压力增加、我国经济发展态势等因素，以及“碳达峰、碳中和”战略下电力工业发展趋势，预测未来三年电力供需情况。按照全国各省（市、区）电力需求预测结果、各类电源发展目标及逐年投产规模、跨省区电力流建设投产进度，对各地区未来三年的电力供需情况进行测算分析，预计未来三年全国电力供需将总体趋紧，部分地区在用电高峰时段存在电力供应紧张的情况。

2.1 2022 年电力供需形势分析

从电力需求看，2022 年我国将适度超前开展基础设施投资，推进新型基础设施、区域重大战略和新型城镇化建设，带动全社会电力需求刚性增长，同时扩大内需战略的实施也将在一定程度上拉高电力需求水平；另一方面，为进一步提振工业经济，我国将启动一批产业基础再造工程项目，引导制造业向高端化、智能化、绿色化转型，带动相关产业电能替代水平稳步提升。预计 2022 年全社会用电需求持续稳步增长。从电力供应来看，2022 年全国总装机规模稳步增长，但常规水电、核电、气电、煤电等保障供应安全的支撑性电源装机稍有不足，新增装机占总新增装机的比重较低。预计 2022 年全国电力供需形势总体趋紧，华北、华中、南方部分地区电力供应存在电力供应紧张风险。

华北地区

华北地区全社会最大负荷约 3.27 亿千瓦 ~3.31 亿千瓦，同比增长 7.6%~9.0%；当年新增装机约 7641 万千瓦。经电力电量平衡测算分析，河北南网、蒙西电力供需偏紧，需要通过压减备用、优化检修安排等措施保障电力供需基本平衡；京津唐、山东电力供需基本平衡；山西存在电力冗余。

东北地区

东北地区全社会最大负荷约 8754 万千瓦 ~8869 万千瓦，同比增长 3.6%~5.0%；当年新增装机约 2186 万千瓦。经电力电量平衡测算分析，黑龙江、吉林、辽宁、蒙东电力供需基本平衡。

西北地区

西北地区全社会最大负荷 8818 万千瓦 ~8934 万千瓦，同比增长 5.0%~6.3%；当年新增装机约 5398 万千瓦。经电力电量平衡测算分析，陕西、甘肃、宁夏、新疆电力供需偏紧，需要通过压减备用、优化检修安排等措施保障电力供需基本平衡；青海电力供需基本平衡。

华东地区

华东地区全社会最大负荷 3.73 亿千瓦 ~3.78 亿千瓦，同比增长 5.4%~6.8%；当年新增装机约 2052 万千瓦。经电力电量平衡测算分析，安徽电力供需紧张，需要高度关注电源建设及投产进度；上海、浙江、江苏电力供需偏紧，需要通过压减备用、优化检修安排等措施保障电力供需基本平衡；福建电力供需基本平衡。

华中地区

华中地区全社会最大负荷 3.00 亿千瓦 ~3.05 亿千瓦，同比增长 8.9%~10.3%；当年新增装机约 4657 万千瓦。经电力电量平衡测算分析，湖南、江西、重庆电力供需紧张，需要高度关注电源建设及投产进度；湖北电力供需偏紧，需要通过压减备用、优化检修安排等措施保障电力供需基本平衡；四川电力供需基本平衡。

南方地区

南方地区全社会最大负荷 2.67 亿千瓦 ~2.71 亿千瓦，同比增长 5.7%~7.1%；当年新增装机约 2611 万千瓦。经电力电量平衡测算分析，贵州电力供需紧张，需要高度关注电源建设及投产进度；广东、广西电力供需偏紧，需要通过压减备用、优化检修安排等措施保障电力供需基本平衡；云南、海南电力供需基本平衡。

2.2 2023 年电力供需形势分析

华北地区

华北地区全社会最大负荷 3.46 亿千瓦 ~3.54 亿千瓦，同比增长 6.0%~7.1%；当年新增装机约 7215万千瓦。经电力电量平衡测算分析，河北南网电力供需紧张，需要高度关注电源建设及投产进度；京津唐、山东电力供需偏紧，需要通过压减备用、优化检修安排等措施保障电力供需基本平衡；蒙西电力供需基本平衡；山西存在电力冗余。

东北地区

东北地区全社会最大负荷 9107 万千瓦 ~9326 万千瓦，同比增长 4.0%~5.1%；当年新增装机约 1981 万千瓦。经电力电量平衡测算分析，黑龙江、吉林、辽宁、蒙东电力供需基本平衡。

西北地区

西北地区全社会最大负荷 9240 万千瓦 ~9462 万千瓦，同比增长 4.8%~5.9%；当年新增装机约 7129 万千瓦。陕西、青海、新疆电力供需偏紧，需要通过压减备用、优化检修安排等措施保障电力供需基本平衡；甘肃、宁夏电力供需基本平衡。

华东地区

华东地区全社会最大负荷 3.91 亿千瓦 ~4.00 亿千瓦，同比增长 4.8%~5.9%；当年新增装机约 2586 万千瓦。经电力电量平衡测算分析，安徽电力供需紧张，需要高度关注电源建设及投产进度；上海、浙江、江苏电力供需偏紧，需要通过压减备用、优化检修安排等措施保障电力供需基本平衡；福建电力供需基本平衡。

华中地区

华中地区全社会最大负荷 3.20 亿千瓦 ~3.27 亿千瓦，同比增长 6.4%~7.5%；当年新增装机约 3239 万千瓦。经电力电量平衡测算分析，湖南、江西、重庆电力供需紧张，需要高度关注电源建设及投产进度；湖北、河南、四川电力供需偏紧，需要通过压减备用、优化检修安排等措施保障电力供需基本平衡。

南方地区

南方地区全社会最大负荷 2.86 亿千瓦 ~2.92 亿千瓦，同比增长 7.0%~8.2%；当年新增装机约 4240 万千瓦。经电力电量平衡测算分析，贵州电力供需紧张，需要高度关注电源建设及投产进度；广东、广西、云南、海南电力供需偏紧，需要通过压减备用、优化检修安排等措施保障电力供需基本平衡。

2.3 2024 年电力供需形势分析

华北地区

华北地区全社会最大负荷 3.65 亿千瓦 ~3.77 亿千瓦，同比增长 5.4%~6.4%；当年新增装机约 6516 万千瓦。经电力电量平衡测算分析，河北南网电力供需紧张，需要高度关注电源建设及投产进度；山东电力、蒙西电力供需偏紧，需要通过压减备用、优化检修安排等措施保障电力供需基本平衡；京津唐电力供需基本平衡；山西存在电力冗余。

东北地区

东北地区全社会最大负荷 9453 万千瓦 ~9770 万千瓦，同比增长 3.8%~4.8%；当年新增装机约 2058 万千瓦。经电力电量平衡测算分析，黑龙江、吉林、辽宁、蒙东电力供需基本平衡。

西北地区

西北地区全社会最大负荷 9671 万千瓦 ~9995 万千瓦，同比增长 4.7%~5.6%；当年新增装机约 5503 万千瓦。陕西、甘肃、青海、新疆电力供需基本平衡；宁夏存在电力冗余。

华东地区

华东地区全社会最大负荷 4.09 亿千瓦 ~4.23 亿千瓦，同比增长 4.6%~5.6%；当年新增装机约 3168 万千瓦。经电力电量平衡测算分析，安徽电力供需紧张，需要高度关注电源建设及投产进度；上海、浙江、江苏电力供需偏紧，需要通过压减备用、优化检修安排等措施保障电力供需基本平衡；福建电力供需基本平衡。

华中地区

华中地区全社会最大负荷 3.37 亿千瓦 ~3.48 亿千瓦，同比增长 5.4%~6.4%；当年新增装机约 3603 万千瓦。经电力电量平衡测算分析，湖北、湖南、江西、重庆电力供需紧张，需要高度关注电源建设及投产进度；河南电力供需偏紧，需要通过压减备用、优化检修安排等措施保障电力供需基本平衡；四川电力供需基本平衡。

南方地区

南方地区全社会最大负荷 3.04 亿千瓦 ~3.14 亿千瓦，同比增长 6.2%~7.2%；当年新增装机约 6575 万千瓦。经电力电量平衡测算分析，贵州电力供需紧张，需要高度关注电源建设及投产进度；广东、广西、云南、海南电力供需偏紧，需要通过压减备用、优化检修安排等措施保障电力供需基本平衡。

电力经济

Power Economy

1 电源工程造价水平及预测

1.1　2021 年电源工程参考造价

根据 2021 年度典型工程初步设计及施工图资料，建筑安装工程与其他费用采用现行计价标准，设备材料价格采用 2021 年市场价格，测算得到各类电源工程参考造价指标。

各类电源工程 2021 年参考造价指标　单位：元 / 千瓦

电源类型	类别	造价指标
燃煤发电工程	2×350 兆瓦	4333
	2×660 兆瓦	3705
	2×1000 兆瓦	3378
燃机发电工程	2×400 兆瓦等级（9H 纯凝）	2007
	2×300 兆瓦等级（9F 纯凝）	2025
核电工程	华龙一号	15500~16500
风电工程	陆上风电	5500~6500
	海上风电	15000~17000
光伏发电工程	全国（除西藏）	3600~3800

数据来源：《火电工程限额设计参考造价指标 2021》，相关核电、风电、光伏工程初步设计报告

1.2　未来三年造价水平预测

根据 2016~2021 年电源造价情况，结合技术进步因素、电力市场供需水平以及行业政策引导的影响，对未来三年造价趋势进行预测。

煤电工程造价持平

2021 年度主设备价格下降，但主要材料价格较 2020 年上涨，概算单位造价较上年上涨约 2%。考虑到未来三年煤电市场规划容量有限，行业成本挖潜空间有限，预测 2022-2024 年煤电工程造价水平与 2021 年持平。

燃机发电工程造价持平

2021 年燃机主设备价格继续下降，概算单位造价与上年基本持平。考虑到未来三年燃机维持平稳发展势头，预测 2022-2024 年燃机发电工程造价水平与 2021 年持平。

风电造价呈现下降趋势

2021 年受到主要设备降价影响，概算单位造价较上年下降 4%。考虑到风电平价上网政策影响，预测 2022-2024 年风电工程造价水平降幅约为 5%。

光伏造价呈现下降趋势

2021 年光伏组件价格有所上涨，概算单位造价较上年略有上涨。考虑到光伏平价上网政策影响以及光伏行业成本挖潜空间有限等因素，预测 2022-2024 年光伏工程造价水平降幅约为 5%。

三代核电工程造价持平

2021 年我国核准的三代核电工程中华龙一号机组造价水平（建成价口径）约 1.55 万元 / 千瓦 ~1.65 万元 / 千瓦。考虑到华龙一号核电机组设计逐步固化、技术进步以及人工、材料上涨因素，预测 2022-2024 年三代核电工程造价水平将与 2021 年持平。

2 电网工程造价水平及预测

2.1 2021 年电网工程参考造价

根据 2021 年度典型工程初步设计及施工图资料，建筑安装工程费与其他费用采用现行计价标准，设备材料价格采用 2021 年市场价格，测算 2021 年输变电新建工程参考造价指标。

输电线路工程 2021 年造价参考指标　单位：万元 / 千米

电压等级	回路数	导线规格	单位造价
1000 千伏	双回	8×JL/G1A-630/45	1242.68
±800 千伏	双极	6×JL/G3A-1000/45、6×JL/G2A-1000/80	451.47
750 千伏	双回	6×JL/G1A-500/45	641.79
	单回	6×JL/G1A-400/50	306.11
500 千伏	双回	4×JL/G1A-630/45	433.74
	单回	4×JL/G1A-630/45	231.86
330 千伏	双回	2×JL/G1A-300/40	204.46
	单回	2×JL/G1A-300/40	114.81
220 千伏	双回	2×JL/G1A-400/35	169.77
	单回	2×JL/G1A-400/35	98.55
110 千伏	双回	2×JL/G1A-300/40	140.17
	单回	2×JL/G1A-300/40	77.04

数据来源：《电网工程限额设计控制指标（2021 年水平）》

变电工程 2021 年造价参考指标　单位：元 / 千伏安、元 / 千瓦

电压等级	建设规模	技术方案	单位造价
1000 千伏	2×3000 兆伏安	GIS	294.08
±800 千伏	8000 兆瓦	GIS	577.64
750 千伏	1×1500 兆伏安	罐式断路器	352.30
	1×2100 兆伏安	GIS	329.91
	1×2100 兆伏安	HGIS	276.64
500 千伏	1×750 兆伏安	柱式断路器	250.48
	2×1000 兆伏安	罐式断路器	137.81
	2×1000 兆伏安	GIS	139.66
	2×1000 兆伏安	HGIS	144.39
±500 千伏	3000 兆瓦	柱式断路器	511.40
	3000 兆瓦	GIS	519.45
330 千伏	2×360 兆伏安	HGIS	430.79
	2×360 兆伏安	GIS	258.75
220 千伏	2×180 兆伏安	柱式断路器	284.33
	2×240 兆伏安	GIS	221.17
	2×240 兆伏安	HGIS	241.15
110 千伏	1×150 兆伏安	柱式断路器	379.08
	2×150 兆伏安	GIS	288.36

数据来源：《电网工程限额设计控制指标（2021 年水平）》

2.2　未来三年造价水平预测

根据 2011 ～ 2021 年线路工程造价情况，结合技术进步因素、电力市场供需水平以及行业政策引导的影响，对未来三年造价趋势进行预测。

线路工程造价呈上升趋势

2021 年线路工程造价由于全球疫情及经济环境影响，导线、地方性材料价格及建筑场地征用及清理费上涨，单位造价水平较 2020 年增加明显。预计 2022 年受到新冠肺炎疫情及国际经济环境影响，材料价格将持续保持上涨，在现有技术方案条件下，单位造价水平呈约 6% ～ 7% 涨幅，

2023-2024 年单位造价上涨幅度将有所减缓。

变电工程造价呈上升趋势

2021 年由于供求关系、原材料价格影响主要设备价格上升，提升了变电工程单位造价水平。在现有技术方案条件下，2022-2024 年变电工程单位造价仍将保持上升，各电压等级变电工程上涨幅度为 1%~3% 左右。

3 2021年上网电价水平

2015年3月《中共中央 国务院关于进一步深化电力体制改革的若干意见》（中发〔2015〕9号）出台，标志着全国电力市场从计划型向竞争型转变，批发环节电价由"上网电价"体系向"交易电价"体系转变。在过渡阶段，上网电价总体分为政策性价格和市场化电价两个部分：一部分电量执行政府核定的上网电价，由国家发改委和省物价局按照价格管理权限分别制定；另一部分电量参与市场交易，通过市场竞争形成。2022年1月，国家发改委印发《关于加快建设全国统一电力市场体系的指导意见》（发改体改〔2022〕118号），指出要有序放开发用电计划，分类推动燃气、热电联产、新能源、核电等优先发电主体参与市场。到2030年，全国统一电力市场体系基本建成，新能源全面参与市场交易，市场主体实现平等竞争、自主选择，电力资源在全国范围内得到进一步优化配置。

2021年我国各类电源上网电价如下所示：

我国各类电源上网电价统计表

电源类型	上网电价水平（元/千瓦时）	价格制定方式	备注
燃煤电厂	基准价：0.256~0.453	燃煤发电电量原则上全部进入电力市场，通过市场交易在"基准价＋上下浮动"范围内形成上网电价。上下浮动原则上均不超过20%，高耗能企业市场交易电价不受上浮20%限制。电力现货价格不受上述幅度限制。	《关于进一步深化燃煤发电上网电价市场化改革的通知》（发改价格规〔2021〕1439号）
燃气电厂	0.436~0.901	各省物价局核定燃气电厂上网电价。不同省区政策存在差异，部分省区执行燃气标杆电价，部分省区采用"一厂一核"方式核定电价。	上海、江苏、浙江、河南（调峰机组）执行两部制电价
水电	0.2~0.48	大型水电站由国家发改委采用"一厂一核"方式核定电价水平；小型水电站由各省物价部门核定。	
核电	0.3717~0.4481	2013年1月1日以前投产机组仍按原规定执行。2013年1月1日后投产机组实行标杆上网电价（0.43元/千瓦时）政策，核电标杆上网电价高于核电机组所在地燃煤基准价的地区，新建核电机组投产后执行当地燃煤基准价。	三代核电首台套试行《关于三代核电首批项目试行上网电价的通知》（发改价格〔2019〕535号）

续表

电源类型	上网电价水平（元 / 千瓦时）	价格制定方式	备注
陆上风电	补贴项目：0.29~0.47 平价上网项目：0.256~0.453	对新核准陆上风电项目，中央财政不再补贴，实行平价上网，按当地燃煤发电基准价执行，可自愿通过参与市场化交易形成上网电价，以更好体现绿色电力价值。	《关于 2021 年新能源上网电价政策有关事项的通知》（发改价格〔2021〕833 号）； 《关于促进非水可再生能源发电健康发展的若干意见》（财建〔2020〕4 号）
海上风电	0.75~0.8	新核准（备案）海上风电项目上网电价由当地省级价格主管部门制定，具备条件的可通过竞争性配置方式形成，上网电价高于当地燃煤发电基准价的，基准价以内部分由电网企业结算。 按规定完成核准（备案）并于 2021 年 12 月 31 日前全部机组完成并网的存量海上风力发电项目，按相应价格政策纳入中央财政补贴范围。	
光伏	补贴项目：0.35~0.49 平价上网项目：0.256~0.453	对新备案集中式光伏电站、工商业分布式光伏项目，中央财政不再补贴，实行平价上网，按当地燃煤发电基准价执行，可自愿通过参与市场化交易形成上网电价。	
光热	1.15	新核准（备案）光热发电项目上网电价由当地省级价格主管部门制定，具备条件可通过竞争性配置方式形成。 按规定完成核准（备案）并于 2021 年 12 月 31 日前全部机组完成并网的存量太阳能光热发电项目，按相应价格政策纳入中央财政补贴范围。	

4 2021 年输配电价水平

4.1 省级电网输配电价

2020 年 9 月，国家发改委发布《关于核定 2020 ~ 2022 年省级电网输配电价的通知》(发改价格规〔2020〕1508 号)，省级电网输配电价中工商业用户输配电价有所下降，与 2020 年政府工作报告关于降低一般工商业用能成本的导向一致。以大工业用电输配电价为例，各省当前执行输配电价水平如下表所示。

第二监管周期各省大工业输配电价一览表

省（区、市）/ 项目	大工业用电输配电度电价（元 / 千瓦时）					
	不满 1 千伏	1 ~ 10 千伏	20 千伏	35 千伏	110 千伏	220 千伏
北京	0.406	0.3891		0.3649	0.3181	0.2781
天津	0.2653	0.2577		0.1968	0.1351	0.1315
河北南网	0.1809	0.1659		0.1559		
冀北	0.1374	0.1224		0.1124		
山西	0.1456	0.1256	0.1256	0.1106		
山东	0.1993	0.1855		0.1717		
上海	0.2943	0.251	0.251	0.2094		
江苏	0.236	0.211	0.201	0.186		
浙江	0.2611	0.2303	0.2141	0.206		
安徽	0.2065	0.1915		0.1765		
福建	0.175	0.155		0.135	0.115	0.095
湖北	0.2294	0.2094	0.1894	0.1894		
湖南	0.2565	0.2365	0.2165	0.1965		
江西	0.1806	0.1656		0.1506		
河南	0.2126	0.1851		0.1583	0.1316	
四川	0.2734	0.2511		0.2288		

续表

省（区、市）/ 项目	大工业用电输配电价（两部制）					
	不满 1 千伏	1 ~ 10 千伏	20 千伏	35 千伏	110 千伏	220 千伏
重庆	0.2583	0.2883	0.2883	0.2183	0.2033	
辽宁	0.2501	0.2384	0.2346	0.2249		
吉林	0.3041	0.2891		0.2741		
黑龙江	0.3161	0.3061		0.2961	0.2761	
蒙东	0.3984	0.3613		0.2756		
蒙西	0.1647	0.1375		0.1225		
陕西	0.1851	0.1651	0.1651	0.1451		
甘肃	0.3065	0.2965		0.2865		
宁夏	0.2096	0.1896		0.1696		
青海	0.1655	0.1605		0.1555		
新疆	0.1737	0.1707		0.1667		
广东	0.1995	0.1834	0.1834	0.1741	0.1741	
广西	0.3184	0.3034	0.3034	0.2884		
云南	0.1411	0.1311		0.1211		
贵州	0.2791	0.2525	0.2525	0.2335		
海南	0.3062	0.2831				

数据来源：国家发展和改革委员会官网

4.2 区域电网输配电价

2020 年 9 月，国家发改委发布《关于核定 2020 ~ 2022 年区域电网输电价格的通知》（发改价格规〔2020〕1441 号），华北、华东、华中、东北、西北五个区域电网第二监管周期输电价格采用两部制形式，价格水平较第一监管周期有较大下降，具体价格水平如下表所示。

第二监管周期区域电网输配电价一览表

区域	电量电价（元 / 千瓦时）	容量电价（元 / 千瓦时）	
		省（区、市）	水平
华北	0.0071	北京	0.0175
		天津	0.0129
		冀北	0.0048
		河北	0.0035
		山西	0.0011
		山东	0.0018
华东	0.0095	上海	0.0072
		江苏	0.0034
		浙江	0.0046
		安徽	0.0039
		福建	0.0023
华中	0.0100	湖北	0.0015
		湖南	0.0028
		河南	0.0028
		江西	0.0028
		四川	0.0004
		重庆	0.0019
东北	0.0087	辽宁	0.0031
		吉林	0.0034
		黑龙江	0.0031
		蒙东	0.0041
西北	0.0200	陕西	0.0012
		甘肃	0.0029
		青海	0.0017
		宁夏	0.0015
		新疆	0.0009

数据来源：国家发展和改革委员会官网，表中电价含增值税，电量电价不含线损

5 2021 年销售电价水平

2021 年 7 月 26 日，国家发改委印发《关于进一步完善分时电价机制的通知》(发改价格〔2021〕1093 号)，提出进一步完善峰谷电价机制，合理确定峰谷电价价差，上年或当年预计最大系统峰谷差率超过 40% 的地方，峰谷电价价差原则上不低于 4:1，其他地方原则上不低于 3:1；建立尖峰电价机制，尖峰电价在峰段电价基础上上浮比例原则上不低于 20%；日内用电负荷或电力供需关系具有明显季节性差异的地方，健全季节性电价机制。此外，进一步明确分时电价机制执行范围，对不适宜错峰用电的一般工商业电力用户，可研究制定平均电价，由用户自行选择执行。该项措施可充分发挥分时电价信号作用，服务新型电力系统建设，提升电力系统整体利用效率，促进能源绿色低碳发展。

2021 年 10 月 11 日，国家发改委印发《关于进一步深化燃煤发电上网电价市场化改革的通知》(发改价格〔2021〕1439 号)，有序放开全部燃煤发电电量上网电价，推动工商业用户都进入市场，取消工商业目录电价，对暂未从电力市场直接购电的工商业用户由电网企业代理购电；鼓励地方对小微企业和个体工商户用电实行阶段性优惠政策，居民、农业和公益性事业保持现行销售电价水平不变。

2021 年 10 月 29 日，国家发改委印发《关于组织开展电网企业代理购电工作有关事项的通知》(发改价格〔2021〕809 号)，对规范电网企业代理购电方式流程提出了具体要求，明确了代理购电的用户范围、电价形成方式及对购用电规模的预测要求。此外，加强代理购电信息公开，确保代理购电服务质量，强化代理购电监管工作。809 号文对有序平稳实现工商业用户全部进入电力市场、促进电力市场加快建设发展具有重要意义。

2021 年各省居民电价及农业用电价格水平如下图所示。

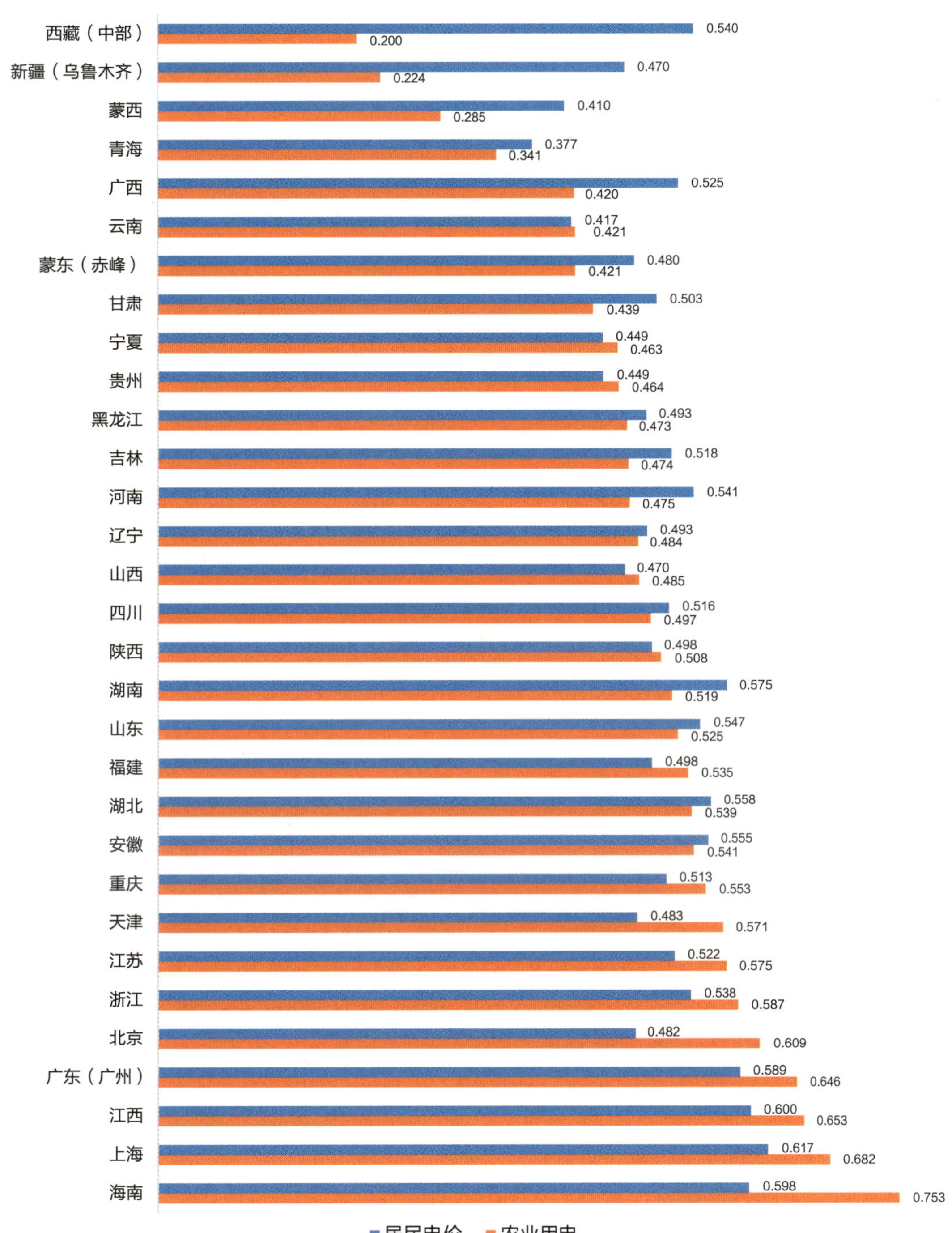

全国各省居民用电及农业用电平均销售电价（元 / 千瓦时）

注：1. 居民生活用电为“一户一表”第一档用户各电压等级销售电价平均值；

2. 蒙东电网以赤峰通辽电网为例，广东省以广州市为例，陕西省不含榆林地区，西藏以中部电网为例。

电力改革

Power Reform

1 改革进展

1.1 电力市场建设进展

1. 电力现货市场建设有序推进

全国电力市场化交易电量
3.7 万亿千瓦时
同比↑ 17.2%
全国中长期电力交易电量约
3 万亿千瓦时

市场主体范围和交易规模进一步扩大。2021 年，全国电力市场化交易电量 3.7 万亿千瓦时，同比增长 17.2%，占全社会用电量 44.6%，是 2015 年市场化交易电量的近 7 倍，年均增长约 40%。其中，中长期电力交易电量约为 3 万亿千瓦时，同比增长 22.8%。

2021 年，国家发改委、能源局深入推进电力现货市场建设，引导现货市场更好发现电力实时价格，充分发挥市场配置资源的决定性作用。截至 2021 年底，南方（以广东起步）、蒙西、浙江、山西、山东、福建、四川、甘肃第一批八个试点全部开展了长周期结算试运行，其中浙江、山西、福建完成了季度结算试运行。2021 年 4 月，国家发改委、能源局印发了《关于进一步做好电力现货市场建设试点工作的通知》（发改办体改〔2021〕339 号），辽宁、上海、江苏、安徽、河南、湖北第二批六个现货试点按照文件要求稳妥有序推进电力现货市场建设。

2. 全国统一电力市场体系加快建设

2021 年 11 月 24 日，习近平总书记主持召开中央全面深化改革委员会第二十二次会议，审议通过了《关于加快建设全国统一电力市场体系的指导意见》。2022 年 1 月 18 日，国家发改委、能源局正式印发《关于加快建设全国统一电力市场体系的指导意见》（发改体改〔2022〕118 号），从健全多层次统一电力市场体系、完善统一电力市场体系的功能、健全统一电力市场体系的交易机制、加强电力统筹规划和科学监管、构建适应新型电力系统的市场机制等方面正式启动全国统一电力市场体系的建设，实现电力资源在全国范围内的进一步优化配置。

3. 各省级电力交易中心完成股份制改造，多元制衡的股权结构基本确立

按照《关于推进电力交易机构独立规范运行的实施意见》（发改体改〔2020〕234 号）改革要求，国家发改委、能源局从厘清机构职能定位、完善交易规则制定程序、推进交易机构股份制改造、规范交易机构的人员资产财务管理、共同做好电力市场交易组织实施、健全信息共享和安全保障机制、加强专业化监管体系建设等方面推进交易机构独立规范运行。截至 2021 年底，南方电网区域内电力交易机构、国家电网区域内省级电力交易机构已完成单一股东持股比例不超过 50% 的股份制改造。通过推进电力交易机构独立规范运行，进一步完善了公开透明的电力市场交易平台，为逐步实现经营性电力用户发用电计划全面放开创造了条件。

2021 年电力市场建设相关政策汇总表

时间	政策	主要相关内容
2021.01	国家能源局《2021 年能源监管工作要点》	➢ 大力推进电力市场建设。统筹推进电力中长期交易、现货市场和辅助服务市场建设，做好各交易品种之间的衔接。 ➢ 全面深化电力辅助服务市场。进一步丰富辅助服务品种，完善跨省跨区辅助服务交易机制。 ➢ 积极推进能源体制改革。有序推进电力现货市场试点和输配电价格、增量配电业务、电网辅业市场化、分布式能源市场化交易等改革。
2021.04	国家发改委、能源局《关于进一步做好电力现货市场建设试点工作的通知》	➢ 有序开展现货试点结算试运行。具备条件的试点地区在按季度连续结算试运行基础上，可探索长周期不间断结算试运行。 ➢ 积极稳妥扩大现货试点范围。选择辽宁省、上海市、江苏省、安徽省、河南省、湖北省作为第二批现货试点。 ➢ 明确现货试点改革探索的主要任务。统筹开展中长期、现货与辅助服务交易，稳妥有序推动新能源参与电力市场等。
2021.09	国家发改委、能源局函复《绿色电力交易试点工作方案》	➢ 还原绿电的绿色商品属性。通过开展绿电专场交易，对参与绿电交易的新能源发电主体核发绿证，充分还原绿色电力的商品属性。 ➢ 优先保障绿色电力生产供应。着眼于流通环节对生产环节的带动作用，从交易组织、电网调度等角度发力，保障绿色电力生产供应的优先地位。 ➢ 鼓励用户侧绿色电力消费。着眼于鼓励用户侧绿色电力消费，从多个角度发力，实现对绿电消费的激励引导作用。 ➢ 实现多类型市场机制的衔接融合。着眼于发挥绿色电力交易“粘合剂”作用，实现上述多类型市场机制的衔接融合、协同发力。
2021.10	国家发改委《关于组织开展电网企业代理购电工作有关事项的通知》	➢ 坚持市场方向。鼓励新进入市场电力用户通过直接参与市场形成用电价格，对暂未直接参与市场交易的用户，由电网企业通过市场化方式代理购电。 ➢ 加强政策衔接，做好与市场交易规则等的衔接。
2021.11	国家电网《省间电力现货交易规则（试行）》	➢ 为促进资源大范围优化配置和可再生能源大范围消纳，规范开展省间电力现货交易，制定省间电力现货交易规则。 ➢ 省间电力现货交易，主要指在落实省间中长期交易基础上，利用省间通道剩余输电能力，开展省间日前、日内电能量交易。

续表

时间	政策	主要相关内容
2022.01	国家发改委、能源局《关于加快建设全国统一电力市场体系的指导意见》	➢ 健全多层次统一电力市场体系。加快建设国家电力市场，稳步推进省（区、市）/区域电力市场建设，引导各层次电力市场协同运行，有序推进跨省跨区市场间开放合作。 ➢ 完善统一电力市场体系的功能。持续推动电力中长期市场建设，积极稳妥推进电力现货市场建设，持续完善电力辅助服务市场，培育多元竞争的市场主体。 ➢ 健全统一电力市场体系的交易机制。规范统一市场基本交易规则和技术标准，完善电力价格形成机制，做好市场化交易与调度运行的高效衔接，加强信息共享和披露。 ➢ 加强电力统筹规划和科学监管。健全适应市场化环境的电力规划体系，完善现代电力市场监管体制，健全电力市场信用体系，完善电力应急保供机制。 ➢ 构建适应新型电力系统的市场机制。提升电力市场对高比例新能源的适应性，因地制宜建立发电容量成本回收机制，探索开展绿色电力交易，健全分布式发电市场化交易机制。

1.2 电价改革进展

1. 输配电价体系进一步完善

我国输配电价监管体系基本完善，国家层面先后制订出台了区域电网和省级电网第一、第二监管周期输配电价，建立完善跨省跨区专项工程输电价格定价办法，提出跨省跨区专项工程输电价格实行单一电量电价制，并建立事前核定、定期校核机制。

2. 上网电价市场化改革进一步深化

《关于进一步深化燃煤发电上网电价市场化改革的通知》和《关于进一步完善煤炭市场价格形成机制的通知》明确全面放开燃煤发电上网电价，扩大市场交易电价上下浮动范围，取消工商业目录销售电价，通过市场化方式推动实现煤价、上网电价、用户电价"三价联动"。《关于组织开展电网企业代理购电工作有关事项的通知》指出取消工商业目录销售电价后，暂无法直接参与市场交易的 10 千伏及以上用户和其他工商业用户以及直接参与市场交易又退出的用户可由电网企业代理购电。《关于 2021 年新能源上网电价政策有关事项的通知》明确了 2021 年光伏发电、风电等新能源上网电价政策。

3. 分时电价、阶梯电价机制进一步健全

《关于进一步完善分时电价机制的通知》优化完善目录分时电价机制，引导用户削峰填谷、改善

电力供需状况、促进新能源消纳。《关于完善电解铝行业阶梯电价政策的通知》调整阶梯电价分档标准电耗指标，设定阶梯电价分档标准，将加价方式由分档加价调整为累进加价，鼓励电解铝企业提高清洁能源利用水平，完善核定加价电费工作机制，强化阶梯电价加价电费收缴责任，完善加价电费资金管理使用制度。

4. 抽水蓄能价格形成机制进一步完善

《关于进一步完善抽水蓄能价格形成机制的意见》提出以竞争性方式形成抽水蓄能电量电价、建立适应电力市场建设发展和产业发展需要的调整机制；健全抽水蓄能成本回收与分摊机制；建立收益分享机制；加快确立独立市场主体地位。

2021 年电价改革相关政策汇总表

时间	政策	主要相关内容
2021.04	国家发改委、工信部、财政部、人民银行《关于做好 2021 年降成本重点工作的通知》	➢ 平稳执行新核定的 2021 年输配电价和销售电价，进一步清理用电不合理加价，继续推动降低一般工商业电价；持续推进电力市场化改革，允许所有制造业企业参与电力市场化交易。
2021.04	国家发改委《关于进一步完善抽水蓄能价格形成机制的意见》	➢ 坚持以两部制电价政策为主体，以竞争性方式形成电量电价，将容量电价纳入输配电价回收。强化与电力市场建设发展的衔接，逐步推动抽水蓄能电站进入市场。
2021.05	国家发改委《关于"十四五"时期深化价格机制改革行动方案的通知》	➢ 完善各级电网价格形成机制；深化煤电等上网电价市场化改革，完善抽水蓄能等价格形成机制；推进销售电价改革。 ➢ 完善差别电价、阶梯电价等绿色电价政策；实施支持性电价政策。
2021.06	国家发改委《关于 2021 年新能源上网电价政策有关事项的通知》	➢ 新备案集中式光伏电站、工商业分布式光伏项目和新核准陆上风电项目实行平价上网，可自愿通过参与市场化交易形成上网电价。 ➢ 新核准（备案）海上风电、光热发电项目上网电价由当地省级价格主管部门制定。
2021.07	国家发改委《关于进一步完善分时电价机制的通知》	➢ 完善峰谷电价机制，建立尖峰电价机制，健全季节性电价机制。 ➢ 明确分时电价机制执行范围，建立分时电价动态调整机制，完善市场化电力用户执行方式。
2021.08	国家发改委《关于完善电解铝行业阶梯电价政策的通知》	➢ 完善阶梯电价分档和加价标准。 ➢ 严禁对电解铝行业实施优惠电价政策。 ➢ 加强加价电费收缴工作。 ➢ 完善加价电费资金管理使用制度。
2021.09	中共中央 国务院《关于完整准确全面贯彻新发展理念做好碳达峰碳中和工作的意见》	➢ 完善电力等能源品种价格市场化形成机制。 ➢ 从有利于节能的角度深化电价改革，理顺输配电价结构，全面放开竞争性环节电价。

续表

时间	政策	主要相关内容
2021.10	国家发改委《关于进一步深化燃煤发电上网电价市场化改革的通知》	➢ 有序放开全部燃煤发电电量上网电价。 ➢ 扩大市场交易电价上下浮动范围。 ➢ 推动工商业用户进入市场，取消工商业目录销售电价。 ➢ 保持居民、农业、公益性事业用电价格稳定。
2021.10	国家发改委《跨省跨区专项工程输电价格定价办法》	➢ 跨省跨区专项工程输电价格实行事前核定、定期校核。工程投运前，核定临时输电价格；工程竣工决算并开展成本监审后，核定正式输电价格；工程经营期内，每 5 年校核一次。
2021.10	国家发改委《关于组织开展电网企业代理购电工作有关事项的通知》	➢ 明确代理购电用户范围，用户电价形成方式。 ➢ 加强与居民和农业销售电价政策、分时电价政策的协同。
2022.02	国家发改委《关于进一步完善煤炭市场价格形成机制的通知》	➢ 完善煤、电价格传导机制。引导煤、电价格主要通过中长期交易形成，鼓励在电力中长期交易合同中合理设置上网电价与煤炭中长期交易价格挂钩的条款，有效实现煤、电价格传导。

1.3 配售电业务改革进展

1. 增量配电业务改革稳步推进

截至 2021 年底，试点项目共计 459 个（不含 24 个取消试点项目），第一批试点项目 94 个，第二批试点项目 88 个，第三批试点项目 114 个，第四批试点项目 84 个，第五批试点项目 79 个。截至 2021 年第三季度末，国家能源局派出机构共向 206 个增量配电项目颁发了电力业务许可证（供电类），其中，试点项目 184 个，非试点项目 22 个。

2. 售电公司管理更加精细化

截至 2021 年底，全国已注册售电公司约 5000 家，向用户提供购售电业务、合同能源管理和综合节能等多种服务。2021 年 11 月 11 日，国家发改委、能源局印发《售电公司管理办法》（发改体改规〔2021〕1595 号），明确了售电公司注册条件、注册程序及相关权利与义务等内容。

2021 年配售电改革相关政策汇总表

时间	政策	主要相关内容
2021.02	国家发改委、能源局《关于推进电力源网荷储一体化和多能互补发展的指导意见》	➢ 在工业负荷大、新能源条件好的地区，支持结合增量配电网等工作开展源网荷储一体化绿色供电园区建设。 ➢ 鼓励具备条件地区统一组织推进相关项目建设，支持参与增量配电改革。 ➢ 鼓励社会资本等各类投资主体投资增量配电网项目，或通过资本合作等方式建立联合体参与项目投资开发建设。
2021.09	中共中央 国务院《关于完整准确全面贯彻新发展理念做好碳达峰碳中和工作的意见》	➢ 全面推进电力市场化改革，加快培育发展配售电环节独立市场主体。 ➢ 推进电网体制改革，明确以消纳可再生能源为主的增量配电网、微电网和分布式电源的市场主体地位。
2021.11	国家发改委、能源局《售电公司管理办法》	➢ 明确了售电公司注册条件、注册程序、权利义务、运营管理、退出方式、保底售电、信用与监管方面内容。 ➢ 注册条件和注册程序更有针对性；更加注重售电公司动态管理和风险管理；启动保底售电服务，衔接电网企业代理购电机制。

2 重点领域改革展望

2.1 电力市场建设展望

2022 年，电力市场建设深入推进，市场结构进一步完善，中长期市场、现货市场、辅助服务市场有效衔接的体系基本成型。现货市场建设深入推进，南方（以广东起步）、蒙西、浙江、山西、山东、福建、四川、甘肃第一批八个试点年内实现季度及更长周期的结算试运行，辽宁、上海、江苏、安徽、河南、湖北第二批六个现货试点年内出台市场实施方案和开发完善技术支持系统，启动模拟试运行。

预计 2022 年，电力交易机构多元制衡的股权结构基本确立，市场管理委员会作用不断夯实，机构运行规范化进一步加强，人员、资产和财务管理科学、合理，交易机构与调度机构职能划分有效厘清。持续强化交易机构监管，实现交易机构运行评估常态化，保证交易机构运行的独立性和规范性。

全国统一电力市场体系建设加快推进，逐步健全多层次统一电力市场体系，进一步完善市场体系功能，加快健全统一电力市场交易机制，构建适应新型电力系统的体制机制。绿色电力交易试点全面展开，行业龙头企业、大型国有企业将发挥示范带动作用更高比例消费绿色电力，全社会绿电需求潜力进一步激发，绿电交易与绿证交易统筹推进。

2.2 电价改革展望

持续深化价格形成机制市场化改革。进一步完善区域电网、跨省跨区专项工程、省级电网、增量配电网价格形成机制和成本监审机制，加快理顺输配电价结构。持续深化燃煤发电、燃气发电、水电、核电等上网电价市场化改革，完善风电、光伏发电、抽水蓄能价格形成机制，建立新型储能价格机制。平稳推进销售电价改革，建立健全电网企业代理购电机制，有序推动经营性电力用户进入电力市场，完善居民阶梯电价制度。

不断完善绿色电价政策。针对高耗能、高排放行业，完善差别电价、阶梯电价等绿色电价政策，强化与产业和环保政策的协同。实施支持性电价政策，降低岸电使用服务费。

2.3 配售电改革展望

碳达峰、碳中和目标下，新型电力系统建设将为增量配电业务的发展带来新机遇。现有增量配电试点将持续推进，一批试点项目陆续开工、建设、并网、运营。部分省级能源主管部门将自主开展增量配电试点的评估、申报和批复。增量配电网的规划、建设、运营标准体系将进一步完善。

按照《售电公司管理办法》要求，持续完善售电公司注册、运行管理、退出、保底供电、信用监管等机制，鼓励售电公司创新模式，向用户提供购售电业务、合同能源管理和综合节能等多种服务。

八

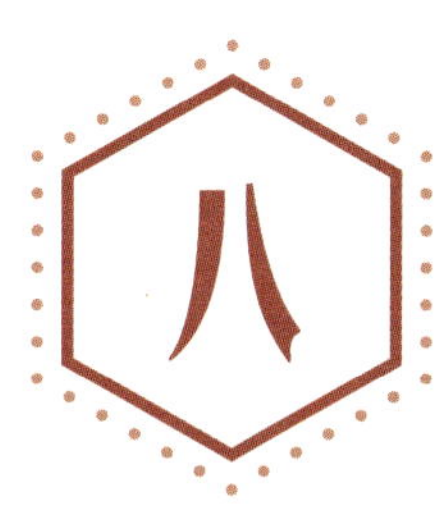

政策解读

Policy Interpretation

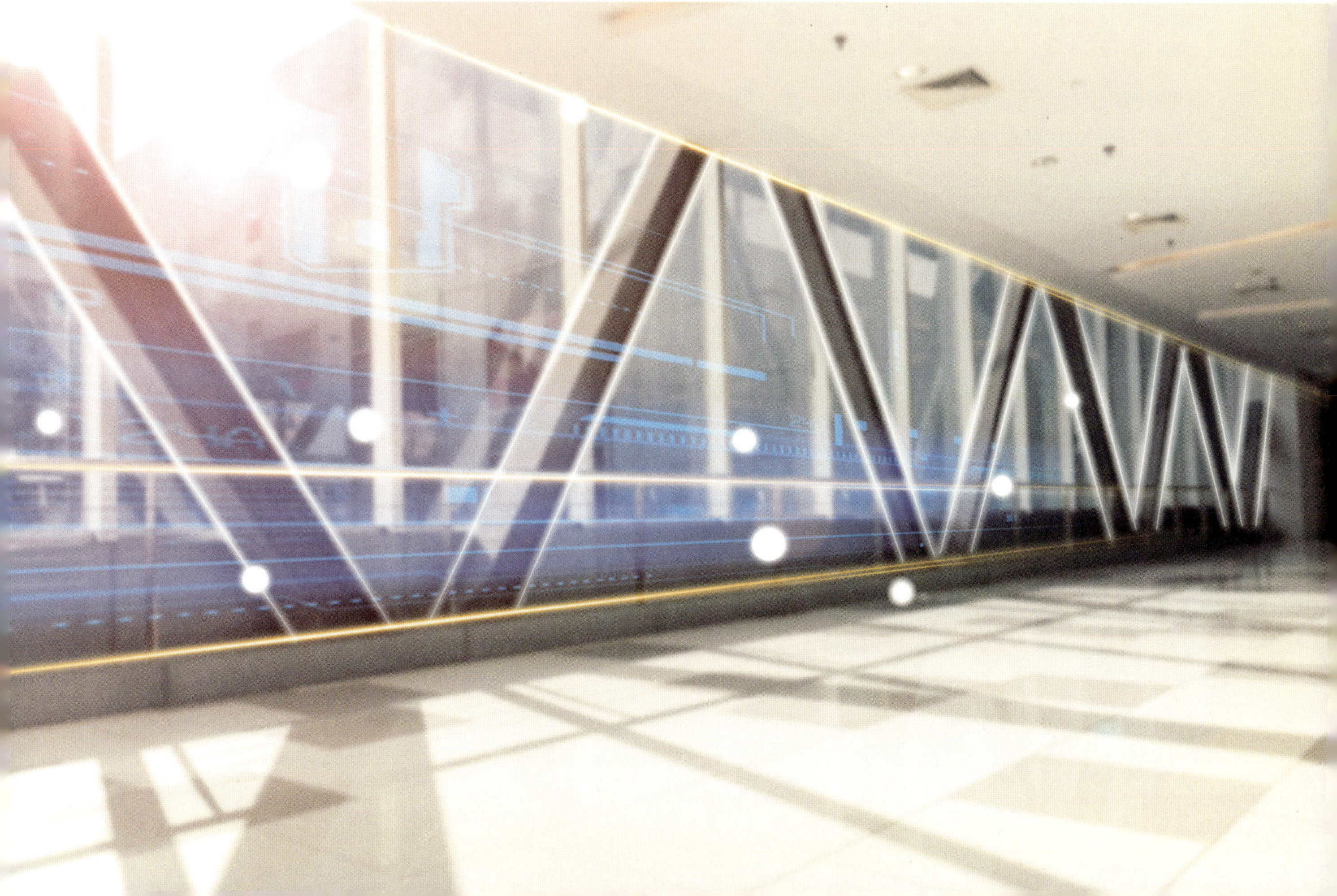

1《关于加快推动新型储能发展的指导意见》解读

1.1 政策背景

2021 年 7 月 15 日，国家发展改革委、国家能源局联合发布了《关于加快推动新型储能发展的指导意见》（发改规能源〔2021〕1051 号）（以下简称《指导意见》）。作为“十四五”期间指导新型储能发展的纲领性政策文件，给新型储能行业发展锚定了目标、指明了方向。

1.2 政策思路

《指导意见》旨在推动新型储能高质量规模化发展，为构建新型电力系统、实现碳达峰碳中和目标提供重要支撑，为催生国内能源发展新业态夯实技术基础。为贯彻落实习近平总书记提出的 2030 年非化石能源消费占比达到 25% 左右目标要求，必须大力发展以风电、光伏为主的新能源。据测算，未来 10 年间我国年均新增新能源装机较“十三五”翻番，达到 1 亿千瓦以上，逐渐成为电力装机主体。由于新能源具有间歇性、波动性特征，我国能源电力安全保障形势面临前所未有的挑战，而新型储能具有可以突破传统电力供需时空限制、精准控制、快速响应、布局灵活的特点，是应对这一挑战的有力措施。此外，通过与数字化、智能化技术深度融合，新型储能将成为电、热、冷、气、氢等多个能源子系统耦合转换的枢纽，可以促进能源生产消费开放共享和灵活交易、实现多能协同，有力支撑能源互联网构建、促进能源新业态发展。

《指导意见》立足“十四五”战略窗口期，着力破解政策难题和管理痛点，推动新型储能发展新阶段顺利开局。“十三五”末我国新型储能装机规模约 300 万千瓦，而要满足 2025 年我国非化石能源消费占比达到 20% 目标，即使考虑新能源发展布局充分优化、火电灵活性改造等措施到位、新能源利用率考核适当放开的情况下，新型储能装机需求预测值不低于 3000 万千瓦，客观上要求新型储能发展必须提速。与此同时，国家层面宏观规划引导缺失、政策机制和市场环境不完善、建设运行管理不明确不规范、标准体系不健全等问题日益突出。《指导意见》出台恰逢其时，为“十四五”新型储能高质量规模化发展的顺利起步奠定坚实基础。

1.3 政策要点

1. 锚定“十四五”装机规模基础目标，贯穿高质量发展主线

《指导意见》在主要目标中坚持远近结合思路，“十四五”期间锚定3000万千瓦作为基本规模目标，是当前装机规模的10倍左右。但是《指导意见》不单纯强调规模发展，而是从技术进步、标准完善、产业发展、市场环境、商业模式等提出了多维度发展目标，注重高质量发展。在重点工作方向中贯穿了高质量发展的主线：一是统筹引导发展规模和布局，充分发挥储能提升能源电力系统调节能力、综合效率和安全保障能力的作用，避免无序建设和利用不足的问题；二是强化技术创新，攻克卡脖子技术，并以技术进步推动成本下降和规模化发展，提升本体安全性和可靠性；三是完善政策和市场环境，充分体现储能的系统价值，通过市场机制实现盈利，培育成熟的商业模式；四是健全标准体系和行业管理，提升建设运行质量水平，强化安全风险防范。

2. 明确提出新型储能发展的差异化政策，着力化解新型储能发展的主要矛盾

当前新型储能成本偏高，加之商业模式单一，盈利空间小，项目对政策敏感性高、抗风险能力差。如果没有稳定的政策预期和市场环境，很难培育出可大规模复制的商业模式。《指导意见》结合我国电力体制改革和电力市场体系建设，提出要明确新型储能市场主体身份，推动储能进入并允许同时参与各类电力市场，是为了实现多重市场价值的叠加，培育健康的商业模式。从导向上看，《指导意见》立足于新型储能的系统价值，对不同储能项目给予差异化政策，提出建立独立储能电站、电网替代性储能设施的成本疏导机制，完善峰谷电价扩大用户侧储能获利空间，采用政策倾斜激励配套建设或共享模式落实新型储能的新能源发电项目。可以预见，一旦有了明确稳定的政策预期，新型储能发展将驶入快车道，同时也避免了因成本问题造成以次充好、“劣币驱逐良币”的问题。

3. 紧扣新阶段的新型储能功能定位，通过规划引导促进新型储能科学有序发展

《指导意见》着眼习近平总书记关于构建新型电力系统的重要部署，开篇提出新型储能是提升能源电力系统调节能力、综合效率和安全保障能力，支撑新型电力系统建设的重要举措。为实现这一功能定位，保障新型储能在新阶段政策环境下的有序发展，《指导意见》提出国家和地方层面需要开展新型储能规划研究，充分发挥储能系统价值，促进储能多元化应用。从导向上看，电源侧研究电力供

需形势、新能源消纳形势、电价承受能力等因素，推动储能与新能源、常规电源协调融合发展；电网侧根据电力系统实际需求和价格疏导机制，合理确定建设规模和布局，发挥储能对电力系统安全稳定运行的支撑作用；用户侧以市场为导向，满足用户多元化需求，进行储能资源要素整合、场景创新以及跨界应用。

4. 面向新型储能规模化发展需求，从多维度破解安全问题

新型储能规模化发展的前提是解决安全问题，近年来国内外储能安全事故频发，引发社会和业界广泛关注和担忧，《指导意见》从安全技术、安全标准、安全管理三个维度提出对策。在安全技术方面，要研发高安全的储能设备、系统集成和安全防护等技术，创新储能调度运行技术；在安全标准方面，要健全储能电站设备制造、建设安装、运行监测等环节的安全技术标准及管理体系，完善设备检测认证和并网检测标准；在安全管理方面，要求加强质量监督和消防安全管理，压实安全责任。总体而言，安全问题任重而道远，除了国家层面引导和管理，还需要行业各界共同努力，保障新型储能健康发展。

2《新型储能项目管理规范（暂行）》解读

2.1 政策背景

为积极稳妥推进新型储能项目建设，实现新型储能高质量规模化发展，2021 年 9 月 24 日，国家能源局印发了《新型储能项目管理规范（暂行）》（国能发科技规〔2021〕47 号）（以下简称《管理规范》）。

2.2 政策意义

“十三五”以来我国新型储能发展迅速，2020 年底装机规模达 300 万千瓦左右，基本实现了由研发示范向商业化初期过渡。为实现“双碳”目标，贯彻落实构建新型电力系统重要部署，国家发改委、能源局联合印发了《关于加快推动新型储能发展的指导意见》（以下简称《指导意见》），提出 2025 年新型储能装机不低于 3000 万千瓦的发展目标，“十四五”新型储能装机将出现跨越式增长。

新型储能作为新兴事物，“十三五”期间，虽然各地在政策机制方面进行了探索，但尚未形成统一、规范的管理思路。“十四五”初期行业管理将重在化解制约性矛盾、健全适应性政策。同时，也要防范资本助推下的“无序建设”风险，解决“利用不足”“安全隐患”等问题。《管理规范》作为紧跟《指导意见》出台的配套政策，聚焦新型储能项目管理，重点解决新型储能项目管理职责不明确、管理程序不透明、跨部门协调困难等堵点，从规划、建设、备案、并网、运行、监测等方面厘清了管理职责和思路，化解行业管理的痛点难点，为推动新型储能从商业化初期向规模化发展转变奠定坚实基础。

2.3 政策要点

1. 树立“安全第一、规范管理、积极稳妥”管理原则

“十四五”初期行业发展重心在于突破商业化发展瓶颈，为规模化发展蓄力，既不能“谨小慎微、裹足不前”，也不能“粗放管理、大干蛮干”。《管理规范》聚焦发展重心，坚持辩证性思维，划清安全底线，积极推进技术路线、商业模式和体制机制创新。采取规范、稳妥的管理保障科学、有序、健康的发展方向不变，最终实现新型储能高质量规模化发展。这一原则衔接《指导意见》，为地方上开

展政策体制先行先试释放积极信号，也为地方上配套出台管理细则、制定落实方案奠定基调，留足了因地制宜的操作空间。

2. 加强闭环管理，建立长效机制

《管理规范》贯穿项目管理和行业管理两条主线，将“有序、安全、健康”的行业管理目标和具体举措渗透在新型储能项目不同阶段，形成闭环、长效的管理机制。从项目管理看，建设前通过规划引导规模和布局，统筹考虑配套电网，避免无序建设和无法并网；建设中采取属地备案制进行管理，压实质量、安全、消防、环保责任；并网时明确并网权责，优化并网程序；投产后要求提升调度水平，加强运行状态监测，并以建设、运行、调度实际情况引导后续投资建设。从行业管理看，事前强化引导、事中统筹管理、事后加强监测，以行业发展情况指导后续政策修订。《管理规范》从项目管理和行业管理两个角度建立了闭环管理的长效机制，将有力推动新型储能行业发展螺旋式上升。

3. 明确项目管理内容和各方职责

《管理规范》贯彻“放管结合”思路，明确了项目各个环节管理内容，也划清了行业管理部门的职责界线和重点任务。政策具有三个特色：一是国家、地方规划对于事关电力系统安全高效运行的新型储能项目（独立储能和电网替代性储能设施）以引导为主，其余项目均依靠市场主导资源配置；二是采取备案制项目管理，突出法律法规、技术规范、资质资格的准绳作用，强化对质量、安全、消防、环保的刚性约束，尤其对动力电池梯次利用储能项目提出了严格要求；三是高度重视项目监测，明确提出国家能源主管部门建设全国新型储能管理平台，地方能源主管部门会同相关部门加强新型储能项目监测管理体系建设。

4. 强化对行业发展的服务意识

《管理规范》全文强调优化管理程序，强化服务意识。在项目并网环节，要求电网企业公平无歧视提供接网服务，按照积极服务、简捷高效的原则优化接网流程；在调度环节，要求电网企业优化调度运行机制，科学优先调用，充分发挥新型储能系统作用；“优化”和“服务”确保了新型储能项目单位和电网企业的公平地位，防范接网和调用环节的潜在障碍，消除社会资本参与新型储能项目的隐忧。在行业监测环节，要求地方能源主管部门研究并定期公布新型储能发展规模、建设布局、调度运行等情况，引导投资和建设，提升了政府对行业发展的服务。

3《关于鼓励可再生能源发电企业自建或购买调峰能力增加并网规模的通知》解读

3.1 政策背景

2021 年 7 月 29 日，国家发展改革委、国家能源局印发了《关于鼓励可再生能源发电企业自建或购买调峰能力增加并网规模的通知》(发改运行〔2021〕1138 号)(以下简称为《通知》)。在应对气候变化和构建人类命运共同体的大背景下，促进可再生能源发展、保障可再生能源消纳是当前最为重要和紧迫的任务之一，可再生能源发电企业自建和购买调峰能力，提供了增加可再生能源并网规模的重要途径。

3.2 政策要点

1. 鼓励可再生能源发电企业自建或购买调峰能力正当其时

我国力争 2030 年前实现碳达峰，2060 年前实现碳中和，是党中央经过深思熟虑作出的重大战略决策，事关中华民族永续发展和构建人类命运共同体。实现碳达峰、碳中和是一场硬仗，要构建清洁低碳安全高效的能源体系，实施可再生能源替代行动，深化电力体制改革，构建新型电力系统。我国具有丰富的风电、光伏等新能源资源，近年来可再生能源迅猛发展，但新能源出力具有不确定性，目前，我国电力系统灵活性不足、调节能力不够等短板和问题突出，制约更高比例和更大规模可再生能源发展。可以说，实现碳达峰关键在促进可再生能源发展，促进可再生能源发展关键在于消纳，保障可再生能源消纳关键在于电网接入、调峰和储能。国家鼓励可再生能源发电企业自建或购买调峰能力增加并网规模，可以促进电力系统灵活性和调节能力提高，增加可再生能源发电装机和并网规模，保障 2030 年前碳达峰、2060 年前碳中和目标如期实现。

2. 多渠道增加并网规模，拓展可再生能源发展空间

实现碳达峰、碳中和是一场广泛而深刻的经济社会系统性变革，增加电力系统灵活性和新能源发电并网规模需要政府部门、电网企业、发电企业等各方的共同努力。此前，国家能源局在《关于

2021 年风电、光伏发电开发建设有关事项的通知》中指出，要建立保障性并网、市场化并网等并网多元保障机制。各省（区、市）完成年度非水电最低消纳责任权重所必需的新增并网项目，由电网企业实行保障性并网。对于保障性并网范围以外仍有意愿并网的项目，可通过自建、合建共享或购买服务等市场化方式落实并网条件后，由电网企业予以并网。《通知》进一步明确了引导市场主体多渠道增加可再生能源并网规模的政策，对于调动各类市场主体的积极性，在保障电力系统安全稳定运行的前提下增加可再生能源并网，有积极的促进作用。

3. 提出可操作性强的企业自建或购买调峰能力组织方式

企业自建或购买调峰能力的方式有三种。一是建设调峰能力，自主调节运行。鼓励发电企业为风电、光伏发电自建新型储能等调峰电源，或对存量煤电进行灵活性改造，通过自有电源的调节互补，实现“风光水火储一体化”建设运行，为系统提供稳定可控的发电能力。这种方式要求调峰资源与新能源发电距离较近才能实现。二是建设调峰能力，公网调度运行。发电企业自建的调峰能力交由电网企业统一调度，这种方式有利于统筹利用发电企业在不同地点的调峰资源，突破了地理范围的局限性。三是购买调峰能力，公网调度运行。对于部分新能源企业，在调峰能力建设方面的资源条件和技术能力比较欠缺，例如不具备建设抽水蓄能电站的能力，也没有自有煤电可实施灵活性改造，可以考虑通过市场化方式购买调峰资源，突破发电企业自身条件的限制。

4. 科学确定调峰资源范围

《通知》明确了承担可再生能源消纳对应的调峰资源，包括抽水蓄能电站、化学储能等新型储能、气电、光热电站、灵活性改造煤电，基本上包括了化学储能和主要的调峰电源形式。其中，气电是指具备快速启停调峰能力的单循环燃气轮机，光热电站须具备一定的储热时长，灵活性煤电应按照比常规煤电机组提升的调节能力核定调峰资源容量。另外，《通知》强调了不包括已列为应急备用和调峰电源的资源。应急备用电源一般情况下为停机备用状态，日常不具备为新能源调峰、促进新能源消纳的作用。已列为调峰电源的机组，已经在电力系统中承担负荷调峰和消纳存量新能源等作用，不重复计列调峰能力。

5. 明确调峰能力与新能源规模的挂钩比例

新能源消纳所需的调峰能力，与电力系统的具体负荷特性、电源结构、新能源规模等因素密切相关，不同电网的情况不尽相同，但都存在一个比较合理的范围。调峰能力比例太低，不能满足提升系统调节能力，保障新能源消纳的需要；调峰能力比例设置太高，需要大量投资建设调峰电源，调峰电源的利用率也会降低，影响系统整体效率和经济性。《通知》提出了初期挂钩比例按照功率 15%，比例 20% 以上优先并网是比较符合我国大部分电网实际情况的。由于新能源消纳不仅要求调峰资源的功率调节能力，还要具备一定持续时长，《通知》还明确了时长应在 4 小时以上，兼顾了储能型调峰资源的技术特性和电力系统平衡需求。

6. 允许调峰资源指标交易，有利于发挥市场机制作用

《通知》提出未用完的调峰资源可交易至其他市场主体，这对于无补贴阶段的可再生能源项目开发权转让是一种明确的制度安排。在可再生能源规模化发展初期，曾一度出现过“圈而不见”“倒卖指标”等乱象，影响了产业健康发展。为此主管部门曾出台政策禁止“倒卖指标”，这对于净化市场环境、恢复市场秩序发挥了重要积极作用。调峰资源转让不同以往，是在市场主体已承担调峰责任和支付调峰成本的基础上，通过市场化方式对可再生能源项目开发权进行转让，相应权益使用是市场主体应享有的权利，有利于发挥市场的积极作用。

7. 提出动态机制，因地制宜灵活实施

为最大程度激发各类市场主体的积极性，《通知》充分考虑了各地电力系统结构与市场情况，一方面支持省级能源主管部门因地制宜对挂钩比例进行研究和适当调整，充分发挥各参与主体的能力；另一方面明确配建比例逐年动态调整机制，对于可再生能源和调峰资源相应的技术进步与产业升级，以及电力系统的演化情况，能够有及时和客观的反映。

8. 明确建设程序，有利企业把控节奏

为做好能源领域放管服工作，市场化并网可再生能源项目及配套调峰资源项目均由省级能源主管部门牵头负责，同时要求发电项目和调峰项目同步建成、同步并网，避免了“虚假承诺、骗取指标”现象出现。对于企业而言，其更大意义在于给企业未来发展预期提供了政策上的保障，企业可结合自身优势，通过合理配置各类调峰资源，统筹安排发电时序，以实现新能源产业的平稳、健康、有序发展。但值得注意的是，《通知》明确“调峰储能配建比例按可再生能源发电项目核准（备案）当年标准执行”，这对于采用建设抽水蓄能等长建设周期调峰资源配套建设可再生能源项目的方式来说，需

要有更强的统筹把控能力。

9. 综合作用明显，支持各类调峰资源快速发展

长期以来，以抽水蓄能、储能为代表的调峰电源存在着支撑政策不完善、服务价格难界定、受益主体不明晰、投资回报缺保障等问题，导致市场主体对投资调峰资源缺少积极性，进而影响了电力系统灵活性的持续提升。《通知》的出台正值可再生能源发电成本逐步下降、普遍低于各地火电基准价的时机。通过创新调峰资源的疏导方式，有利于通过市场化方式促进抽水蓄能、电化学储能和光热发电等行业自主发展，进而通过调峰资源的规模化发展带动其高质量发展。

10. 落实监管，全面构建保障措施

针对目前普遍存在的“夸大承诺，打折兑现”乱象，《通知》明确提出“企业承诺、政府备案、过程核查、假一罚二”监管机制，形成了承诺—核查—奖惩的完整闭环，更加强调履约监督，更加突出效果核查，更加明确惩罚措施，尤其假一罚二处理方式的提出，更是支持诚信投资企业的创新举措。同时，《通知》也提出了在工作组织、并网接入等方面的具体保障措施。

4《并网主体并网运行管理规定》解读

4.1 政策背景

2021 年 12 月，国家能源局印发了《并网主体并网运行管理规定》(以下简称《规定》)。在新型电力系统建设加速推进的背景下，对完善并网管理规定提出了指导性意见，为下一阶段各省区并网运行管理规定的调整提供了基本遵循。

4.2 政策意义

2020 年 9 月 22 日，习近平总书记在第七十五届联合国大会上宣布，中国将采取更加有力的政策和措施，二氧化碳排放力争于 2030 年前达到峰值，努力争取 2060 年前实现碳中和。实现碳达峰、碳中和目标是党中央的重大决策部署，是一场广泛而深刻的经济社会系统性变革。中央财经委员会第九次会议研究部署实现碳达峰、碳中和的基本思路和主要举措时指出，深化电力体制改革，构建以新能源为主体的新型电力系统。新型电力系统的核心特征在于新能源占据主导地位，成为主要能源形式。与此同时，储能与需求侧响应也将快速发展，成为未来电力系统重要的灵活性资源，保障新能源消纳和系统安全稳定运行。

随着新能源装机的大幅增加，电力系统安全稳定高效运行的风险压力日益加剧。本次《规定》进行了重要修订，将有望显著加强传统电源、新能源、储能和可调节负荷等新主体并网的安全管理，有利于推动新型电力系统更安全高效发展。

4.3 政策要点

1. 新增了储能、可调节负荷等并网主体

新能源将在新型电力系统中占主体地位。据预测，到 2030 年和 2060 年，我国新能源发电量占比将分别超过 25% 和 60%。同时，储能将在构建新型电力系统中发挥重要作用。为适应新型电力系统建设的要求，《规定》在传统发电厂的基础上，新增了对新能源、新型储能、负荷侧并网主体等并网技术指导及管理要求，以推动新型电力系统建设，促进推动能源低碳转型。

2. 进一步深化完善并网主体的管理规定及考核内容

在新能源并网的管理规定及考核方面，《规定》明确新能源的短路比、电压/频率保护和网源协调等有关标准的要求。同时，明确新能源应开展功率预测工作，并按照有关规定报送功率预测，电力调度机构对功率预测偏差进行考核。

在储能和负荷侧主体并网的管理规定及考核方面，《规定》明确了新型储能和负荷侧并网主体涉及的技术指导和管理的范围：技术参数（如储能的充放电时间、充放电速率、最大可调节能力等）、继电保护、调度通信设备、调度自动化设备、调频、调压等。

考虑到新能源的随机性和波动性对电网的影响，《规定》细化了并网主体落实调频、调压的有关措施，以确保电力系统安全高效稳定运行，保证电能质量符合国家标准。

3. 强化新的风险防控要求，更加重视网络安全

电力网络安全是新型电力系统高质量发展的重要前提和保障。面对日益严峻的网络安全风险，《规定》中新增了网络安全风险防范的相关内容，如明确调度自动化技术指导和管理内容中增加了“发电侧并网主体网络安全防护措施落实情况和网络安全风险评估的开展情况”。

《规定》还要求，并网主体应加强人员安全培训，提升整体安全意识，强化运行安全风险管控，严密防范外部攻击。定期开展网络安全等级保护和风险评估，及时发现并整改各种安全隐患。

5《关于进一步完善分时电价机制的通知》解读

5.1 政策背景

2021 年 7 月 26 日，国家发展改革委印发了《关于进一步完善分时电价机制的通知》（发改价格〔2021〕1093 号）（以下简称为《通知》），在新型电力系统建设加速推进的背景下，对分时电价的时段划分、电价调整机制以及与市场的接轨机制等提出了指导性意见，为下一阶段各省区分时电价政策的调整提供了基本遵循。

5.2 政策意义

2020 年 9 月 22 日，习近平总书记在第七十五届联合国大会一般性辩论上宣布，中国将采取更加有力的政策和措施，二氧化碳排放力争于 2030 年前达到峰值，努力争取 2060 年前实现碳中和。12 月 12 日，习近平总书记在气候雄心峰会上进一步宣布，到 2030 年，中国单位国内生产总值二氧化碳排放将比 2005 年下降 65% 以上，非化石能源占一次能源消费比重将达到 25% 左右，风电、太阳能发电总装机容量将达到 12 亿千瓦以上。

在“碳达峰，碳中和”目标要求下，“十四五”时期构建新型电力系统已成为必然选择。在风电、光伏等新能源为能源系统带来绿色、清洁电力的同时，需要注意的是，随着新能源占比的阶跃式提升，其间歇性、反调峰性对系统运行带来的压力也与日俱增。在这一背景下，如何更好地利用经济激励政策调动需求侧资源，挖掘需求侧响应潜能，对于促进可再生能源消纳、缓解系统运行压力具有十分重要的现实意义。

本次分时电价政策完善旨在服务以新能源为主体的新型电力系统建设，促进能源绿色低碳发展。《通知》的出台，对于进一步挖潜需求侧调节资源的有效供给，促进构建新型电力系统，恰逢其时，意义重大。

5.3 政策要点

1. 时段划分适度考虑可再生能源发展的影响，引导用户用电行为主动适应新能源发展需要

时段划分是分时电价方案制定的基础及重要部分。现阶段我国分时电价定价中时段划分方法通常基于不同时段供电成本变化的差异，从负荷曲线入手，利用聚类方法对各时段进行分类。在以火电等传统电源为主力装机的电力系统中，由于负荷高峰、低谷时段通常对应于系统发电成本的高值及低值时段，采用基于用户负荷曲线的方法开展时段划分是相对合理的。

但随着能源结构转型进程的不断加速，特别是风电、光伏等不确定性电源装机比例的快速提升，发电侧供电成本的变化曲线与用户负荷曲线出现了较大程度的偏离。若仍沿用原有基于负荷曲线的时段划分方法，由于新能源固有的反调峰特性，存在新能源大发时段与用户负荷曲线低谷时段难以匹配，甚至倒置的情况，进而对新能源消纳产生负面影响。因此，需要根据电源结构的调整对传统的基本负荷曲线分类的方式做相应调整。

为了适应新能源发展与消纳的实际需要，《通知》提出，各地要根据系统供需和边际供电成本情况确定峰谷时段，而不再单独以负荷高低作为峰谷时段划分的依据，并提出在可再生能源发电装机比重较高的地方，要充分考虑净负荷（总负荷扣除可再生能源出力）曲线的变化特性。这一时段划分方法原则的调整，为后续各省区结合自身新能源发展实际情况，制订有利于新能源消纳的分时电价政策提供了政策依据。

2. 合理设定峰谷价差，激励需求侧灵活调节资源建设，对促进新能源消纳形成有效补位

储能具有快速、稳定、精准的充放电功率调节特性，可以提升电力系统的瞬时、短时和时段平衡能力，是应对大规模新能源发电带来的间歇性、随机性和波动性的有力措施。储能将在构建以新能源为主体的新型电力系统中发挥重要作用，对于推动能源结构转型、保障能源安全、实现节能减排目标具有非常重要的意义。

利用价差空间，实现“低电价时充电、高电价时放电”，是储能盈利的基本模式。目前，国内多个省区销售电价的峰谷价差对储能等需求侧响应资源的激励仍有待加强。为此，《通知》提出要“上年或当年预计最大系统峰谷差率超过 40% 的地方，峰谷电价价差原则上不低于 4:1，其他地方原则上

不低于 3:1”。峰谷价差的拉大将对储能产业的发展和新型电力系统建设起到明显的推动作用。

除此之外，《通知》提出各地要因地制宜建立尖峰电价和深谷电价，这有助于进一步发挥价格杠杆在用电高峰时期调节电力供需的作用，更好地削峰填谷，让电于民，保障民生用电，实现资源的优化配置和社会效益、经济效益的统筹协调。

3. 注重与市场机制相衔接，充分发挥分时电价信号作用

目前，我国普遍针对工商业用户实行分时电价政策，部分省份对居民也执行了分时电价。分时电价是需求侧管理的一种重要经济手段，但电力需求的快速变化导致分时电价对用户的激励效果缺乏时效性。随着电力市场的不断发展成熟，我国基本建立了中长期电力市场，并试点建立了现货市场，初步建立了市场化的电价形成机制。为有效衔接市场电价，充分发挥分时电价的信号作用，《通知》提出建立市场化的分时电价动态调整机制。

《通知》明确，分时电价机制需要建立与中长期市场和现货市场相衔接的动态调整机制。在现货市场已启动运行的地方，需要参考电力现货市场的分时电价信号来适时调整目录分时电价时段划分与浮动比例；在现货市场尚未运行的地方，需要指导市场主体签订中长期交易合同时申报用电曲线，以反映各时段价格。分时电价调整机制的建立与完善，有利于更准确地反映真实供需情况，进一步促进资源的优化配置。

6《电力系统辅助服务管理办法》解读

6.1 政策背景

2021 年 12 月，国家能源局印发《电力系统辅助服务管理办法》(以下简称《办法》)，对这一规范电力系统辅助服务管理的重要文件进行了修订完善，对落实国家碳达峰、碳中和决策部署，推动构建新型电力系统，保障电力系统安全、优质、经济、低碳运行意义重大。

6.2 政策意义

上一轮电力体制改革打破了我国电力工业垂直一体化的管理模式，原国家电监会于 2006 年印发《并网发电厂辅助服务管理暂行办法》(电监市场〔2006〕43 号)(以下简称《暂行办法》)，此后各区域电监局相继出台辅助服务管理实施细则(与并网运行管理实施细则并称“两个细则”)，我国电力辅助服务由此进入政策性补偿阶段。由《暂行办法》和“两个细则”构成的辅助服务管理制度体系较好地激励了发电主体提供电力辅助服务，为保障电力系统安全、优质、经济运行，促进电力工业健康发展发挥了重要作用。

在新一轮电力体制改革中，中发〔2015〕9 号及配套文件按照“谁受益、谁承担”的原则建立电力用户参与辅助服务分担共享机制，开启辅助服务市场化探索。在党中央作出碳达峰、碳中和的重大战略决策，着力构建新型电力系统的新形势下，电力系统辅助服务管理面临的情况和格局正在发生新的变化。一是辅助服务参与主体呈现多元化，储能、可调节负荷、电动汽车(充电桩)、虚拟电厂等资源和技术蓬勃发展，成为提供灵活性和辅助服务新型主体。二是大规模新能源并网带来新的辅助服务需求，传统电力系统中的隐性服务(如转动惯量、灵活性爬坡等)正在表现出稀缺性。三是各地区已陆续开展调峰、调频、备用辅助服务市场建设，辅助服务市场化补偿机制取得了一定的成果和实践经验。四是电力中长期交易模式下，市场化电力用户占比不断提高，由电网统一代理用户购买电能量和辅助服务的格局正在改变。五是跨省跨区电力交易规模不断扩大，送受端辅助服务压力增大、矛盾越发突出。

基于上述背景，此次《办法》迎来重大修订和完善，旨在保障系统安全可靠、低碳清洁、高效经济运行，应对日益增长的系统灵活性需求，有效疏导不断上涨的辅助服务费用，推动建立市场化机制降低系统调节成本。

6.3 政策要点

《办法》分为正文和附件两部分。正文部分共八个章节，包括辅助服务的定义与分类、提供与调用、补偿方式与分担机制和监督管理，特别新增了电力用户分担共享机制和跨省跨区辅助服务机制两部分内容。附件部分明确了各类辅助服务补偿方式和补偿原则。主要修订内容集中体现在以下五方面：

1. 拓展了电力辅助服务参与主体

原《暂行办法》更名为《电力系统辅助服务管理办法》，在传统火电、水电并网发电厂的基础上，将核电、风电、光伏发电、抽水蓄能、新型储能、参与市场化交易的电力用户以及聚合商、虚拟电厂等纳入文件规范管理的对象，统称并网主体，符合辅助服务参与主体多元化的趋势，充分体现了系统思维，有利于进一步明确辅助服务提供和受益主体，挖掘供需两侧的辅助服务资源和灵活调节能力。

2. 丰富了电力辅助服务品种

《办法》参考国际惯例，按照用途将电力辅助服务分为有功平衡服务、无功平衡服务和事故应急及恢复服务。辅助服务的性质和作用进一步明晰，便于分类施策、有针对性地选择补偿方式和机制。定义了转动惯量、爬坡、调相、稳控切机、快速切负荷等辅助服务新品种，完善了辅助服务交易的产品体系，适应了高比例新能源、高比例电力电子设备接入电力系统的需要。

3. 全面建立用户参与的辅助服务分担共享新机制

补偿和分摊机制是辅助服务交易管理的核心，《办法》将原章节名称由“补偿方式与费用来源”改为“补偿方式与分担机制”，体现“谁提供，谁获利；谁受益、谁承担”的原则。补偿方式层面，确立差异化的补偿和考核机制设计原则，基于辅助服务种类和性能合理选择政策性补偿或市场化机制。提出电力用户可通过独立参与、由聚合商或虚拟电厂委托代理两种方式参与电力辅助服务。参与用户从可向下调节的可中断负荷拓展到可上下双向调节的可调节负荷，不具备提供调节能力或调节能力不足的用户可通过购买电力辅助服务来承担辅助服务责任，激励需求侧响应能力。分担机制层面，提出按照为系统整体服务、为特定发电侧并网主体服务和为特定用户服务三种不同情况确定分摊主体。对于市场化用户，可通过直接承担的方式和经发电企业间接承担的方式进行费用分摊，有效弥补电网代理角色转变后市场化交易对应的辅助服务责任缺位。

4. 进一步完善跨省跨区电力辅助服务机制

在《关于积极推进跨省跨区辅助服务补偿机制建设工作的通知》(国能综监管〔2014〕456 号)基础上，进一步明确跨省跨区发电机组参与辅助服务的责任义务、参与方式和补偿分摊原则。包括跨省跨区送电配套电源、“点对网”、“点对点”、“网对网”、国家指令性计划和地方政府协议等送电机组类型。提出跨省区电能交易的购售双方应在交易价格中明确辅助服务费用。有利于打破省间壁垒，有效促进辅助服务和灵活性资源在更大范围互济共享。

5. 深化辅助服务市场机制建设，健全市场化价格形成机制

近年来各地区开展了以调峰服务为主辅助服务市场建设,《办法》总结吸收相关经验和成果，持续推动其他有功平衡辅助服务的市场化竞争，提出集中竞价、公开招标 / 挂牌 / 拍卖、双边协商等市场化方式，通过市场发现辅助服务价格，体现电力经济系统的动态性、长期性和系统性，更好地发挥市场在资源配置中的决定性作用。

7《绿色电力交易试点工作方案》解读

7.1 政策背景

2021 年 9 月，国家发展改革委、国家能源局正式函复《绿色电力交易试点工作方案》(以下简称《方案》)，同意国家电网公司、南方电网公司开展绿色电力交易试点。《方案》立足还原绿电绿色产品属性的逻辑起点，着眼绿色能源生产消费市场体系和长效机制构建，通过牵住流通环节电力交易的“牛鼻子”，激活绿色电力的生产侧和消费侧，促进多机制衔接融合，是电力行业助力“双碳”目标实现的重要举措。

7.2 政策要点

《方案》设计的基本脉络可以概括为“一个起点，三个支点”。

1.《方案》的逻辑起点：还原绿电的绿色商品属性

习近平总书记在中央财经委员会第九次会议提出，构建以新能源为主体的新型电力系统。与常规电源相比，新能源发电产生的电量在物理属性和使用价值上没有区别，具有“同质化”的特点。但在商品属性上具有明显的差别，由于新能源发电过程零污染、零碳排放，绿电产品拥有绿色属性，蕴含环境价值，即“同质不同性”。按照能源体制革命的总要求，打通能源发展快车道的一个重要落点是还原能源的商品属性。现有电力市场交易机制对充分还原新能源发电的绿色属性尚不充分。《方案》通过开展绿电专场交易，对参与绿电交易的新能源发电主体核发绿证，在流通环节将绿色属性标识和权益凭证直接赋予绿电产品，实现绿证和绿电的同步流转，充分还原绿色电力的商品属性。

2.《方案》支点一：优先保障绿色电力生产供应

发电侧电源结构从以传统火电为主转变为以新能源为主体，是新型电力系统的显著特征。从形成到使用全产业链绿色发展程度较高、碳排放为零或近零的已核准并网电源是绿电生产的主力军。《方案》着眼于流通环节对生产环节的带动作用，从交易组织、电网调度、结算方式等角度发力，保障绿色电力生产供应的优先地位：一是交易组织方面，优先推动排放量为零的风电、光伏发电参与交易，同时要求绿色电力交易时段划分、曲线形成等具体方式与其他中长期合同有效衔接；二是电网调度方面，绿色电力交易形成的合同电量，由相应调度机构优先安排，保证交易结果优先执行；三是结算方面，绿色电力交易优先于其他优先发电计划和市场化交易结算。开展绿色电力交易，对于推动供应侧绿色电力生产，促进风光发电发展和高效利用、加快电源侧清洁替代具有重要意义。

3.《方案》支点二：鼓励用户侧绿色电力消费

国家碳达峰碳中和目标提出后，用户侧消费绿色电力的意愿显著增强，迫切需要进一步完善电力市场交易体系，为用户购买和使用绿色电力提供渠道。《方案》着眼于鼓励用户侧绿色电力消费，从多个角度发力，实现对绿电消费的激励引导作用：一是试点阶段选取绿色电力消费意愿强、用电增长快的用电主体参与市场；二是支持售电公司推出绿色电力套餐，优化绿电产品设计，满足用户差异化的绿色电力消费需求；三是完善绿电服务，依托电力市场统一服务平台，开设绿色电力交易专区，根据需要免除绿电交易服务费或优惠折扣，提供 APP 多渠道服务等绿色电力服务；四是随着全社会绿色电力消费意识提升，扩大用户准入范围，逐步引导电动汽车、储能等各类新兴市场主体参与绿色电力交易。开展绿色电力交易试点，有助于全社会绿色电力消费意识培育，对于提升终端绿色能源利用率、推动全社会节能减排意义重大。

4.《方案》支点三：实现多类型市场机制的衔接融合

全国碳排放权交易市场启动、电力市场体系逐步完善、可再生能源电力消纳保障机制下的超额消纳量交易实施、绿证交易开展，为电力行业提供了一个多类型市场机制并存、共同促进“双碳”目标实现的市场化环境和格局。在此背景下，《方案》着眼于发挥绿色电力交易“粘合剂”的作用，实现上述多类型市场机制的衔接融合、协同发力。一是绿电交易与绿证衔接方面，由国家能源主管部门组织国家可再生能源信息管理中心进行绿证核发并转至电力交易中心，电力交易中心依据绿电交易结果将绿证分配至电力用户；二是绿电交易与消纳保障机制衔接方面，强化可再生能源电力消纳责任权重的刚性约束，将消纳责任权重分解至电力用户和售电公司；三是绿电交易与碳交易机制衔接方面，研究通过 CCER 等机制建立绿电交易市场与碳市场的连接，避免电力用户在电力市场和碳市场重复支付环境费用。做好各类市场之间的深度融合和合理衔接，对于发挥价格信号引导作用、充分发挥市场资源配置作用、提升能源利用效率、科学高效实现碳达峰碳中和目标至关重要。

九
观点汇编
Perspective Compilation

统筹绿色与安全，加快推动煤电清洁低碳转型

“十三五”期间，我国积极防范化解煤电产能过剩风险，全面推进清洁煤电供应体系建设，持续提高煤电发电效率与灵活运行水平。截至 2021 年底，全国煤电装机规模 11.1 亿千瓦，装机占比由 2015 年的 59% 降低至 47%，超低排放机组规模超过 9.5 亿千瓦，节能改造规模超过 8 亿千瓦，供电标煤耗由 315 克/千瓦时降至 310 克/千瓦时以下，完成灵活性改造规模约 8000 万千瓦，煤电有序、清洁、高效、灵活发展成效显著。

“十四五”期间，在“双碳”战略目标和电力供应保障的双重任务下，煤电转型发展面临巨大挑战，应立足以煤为主的基本国情，统筹电力安全保供与转型升级，坚持传统能源逐步退出要建立在新能源安全可靠替代基础上的原则，推动托底保供电源按需布局，推动煤电向基础保障性和系统调节性电源并重转型。

一、煤电肩负电力供应保障与清洁低碳转型双重责任

（一）煤电是我国能源安全的基础保障

当前，国际政治经济格局进入动荡变革期，世界经济复苏进程中风险持续累积，全球产业链供应链面临严峻挑战，我国能源安全新旧风险交织，油气资源短板长期存在。保障能源战略安全，本质上就是确保能源的对外依存度不超过警戒线。据统计，2020 年我国能源总体对外依存度约 20%，其中煤炭约 7%，但石油和天然气已分别达到约 74%、43%，均为全球第一大进口国。“十四五”期间，我国将坚持稳字当头、稳中求进总基调，推动经济高质量发展，电力需求仍将保持刚性增长。为此，要坚持系统观念，统筹电力绿色低碳转型和安全供应保障，在新能源电力支撑能力大幅提升以前，坚持煤电清洁高效先进节能发展，确保足够的电力安全供应保障能力，为经济高质量发展提供坚实的电力保障。同时，充分发挥煤电的系统支撑和调节作用，促进能源绿色低碳转型。

（二）煤电是电力托底保供的“压舱石”

电力的发展需要同时承担能源绿色低碳转型和为经济发展提供安全稳定电力供应的责任，前者在

于不断提升非化石能源发电量、控制火电发电量，后者在于保障足够的支撑电源。与水、粮食、石油、煤炭等商品不同，电力商品无法大规模、长期储存，电力系统的产供销同时发生，客观决定了电力系统必须具备与电力负荷实时匹配的可靠供电容量。在以实体经济为重心的发展方略下，未来一段时期内我国电力需求仍将维持刚性增长，水电、核电、气电、煤电等基础性电源面临的外部约束明显加强，随机性、间歇性的特征决定了风电、光伏无法提供与其装机容量相当的保障出力，从经济性、技术成熟度等多方面综合看，短期内，新型储能尚不具备大规模替代煤电、保障系统安全稳定运行的能力。未来全国电力安全供应保障形势依然艰巨，客观上还需要一定规模的煤电托底保障。

（三）煤电是促进新能源高效利用的重要支撑

“双碳”战略目标下，我国将持续大力推动新能源发展，新能源消纳压力将持续增长。同时，随着电力消费结构变化，负荷峰谷差逐步增大，对电力系统调节能力提出更高要求。为确保供电稳定和新能源消纳，需要系统内的火电和抽水蓄能等调峰电源配套运行，尤其需配套大量的火电机组应急调峰。我国天然气调峰机组和抽水蓄能机组规模严重不足，煤电因具有“一次能源可储、二次能源易控”的特性，能够在确保电量供应的同时满足出力可靠性和可控性要求，可有效解决新能源间歇性强、波动大、预测难等随机性和不稳定性问题。在新型储能、燃料电池等调峰设施大规模经济推广应用前，煤电仍将是我国最适宜的调峰电源。

二、加强煤电项目严控，统筹电力保障与低碳发展

（一）在严控基础上按需发展支撑性煤电

根据预测，“十四五”期间，全国新增电力保障需求约 4.5 亿千瓦左右；考虑电力现货市场建设、电价机制改革等工作进一步深化，2025 年需求侧响应规模预计达到最大负荷的 3%~5%；预计全国新增水电装机约 4000 万千瓦，新增抽水蓄能装机约 3000 万千瓦，新增核电装机约 2000 万千瓦，新增气电装机 5000 万千瓦左右。考虑各类电源受阻，以及新能源保障出力等情况，以及实际新增保障容量约 1.6 亿千瓦，在上述基础上，考虑充分采取省间互济、备用共享等措施压减系统备用容量，全国仍存在 2.5 亿千瓦左右电力缺口，若新增新型储能规模按照 3000 万千瓦考虑，为保障电力供需基本平衡，“十四五”还需新增投产一定规模托底保障的支撑性电源。

（二）重点推动煤电发电量占比逐步下降

践行碳达峰、碳中和，能源是主战场，电力是主力军。电力行业碳达峰的实现条件是，全社会用电量增量全部由非化石能源发电量增量满足供应，不再新增火电发电量。根据预测，“十四五”期间，全国新增用电量 2 万亿千瓦时 -2.3 万亿千瓦时，预计新增水电、核电、新能源、气电等清洁能源发电 1.5 万亿千瓦时，客观上还需新增煤电发电量约 5000 亿千瓦时 -8000 亿千瓦时，煤电发电量在“十四五”预计无法达峰，但必须推动煤电发电量占比的持续下降。“十四五”应在充分发挥新能源保供能力的基础上，按需有序统筹具备系统托底保供功能的大型可靠电源建设，优先发展保供能力较强的水电、核电、生物质发电、太阳能热发电等非化石清洁能源，促进煤电发电量占比逐步下降。

三、优化煤电布局，充分发挥支撑性和调节性作用

（一）在负荷中心地区布局一批支撑性自用煤电

“十四五”期间，京津冀鲁、华东、华中东四省、川渝、南方等地区仍是我国的电力负荷中心，预计新增用电量占全国新增用电量比重超过 60%。在水电、核电、气电等支撑性电源相对明确，新型储能尚不具备大规模商业化应用的情况下，“十四五”期间上述地区仍存在较大电力缺口，还需新建一定规模的先进清洁的支撑性煤电。

（二）围绕大型风电光伏基地外送消纳布局一批支撑性调节性煤电

考虑京津冀、华东、华中等地区环保约束增强、东部省份加快实现碳达峰等因素，“十四五”中东部和南方地区需进一步考虑外来电力保障供应。结合大型风电光伏基地开发和中东部地区电力供需形势，建成投产一批、开工建设一批、研究论证一批多能互补输电通道。目前，新能源尚不具备独立大规模远距离外送的能力，风光储单独外送及大规模大容量储能调度尚无运行经验，在现有技术条件下，同等送电规模的风光储外送方式经济性较差，“十四五”大型风光基地开发外送仍将以风光水火储多能互补模式为主。为加快推动以大型风光电基地为基础、以其周边清洁高效先进节能的煤电为支撑、以稳定安全可靠的特高压输变电线路为载体的新能源供给消纳体系，需在西部地区围绕大型风光电基地开发外送配套布局一定规模的支撑性和调节性煤电，并优先采用大容量、高参数、低能耗、调节能力好的发电机组，通过多能互补方式与新能源形成合力。

四、发挥煤电调节能力，促进煤电与新能源融合发展

近年来，新能源快速发展，对煤电发电量产生了显著的替代作用，导致煤电机组发电利用小时数随之下降，加之电煤价格波动，煤电企业经营困难。“双碳”战略目标下，电力系统中新能源装机规模仍将持续快速增长，继续对煤电发电量产生显著的增量和存量替代，在现有政策机制下，煤电发展困境仍将无法纾解。为调动煤电企业积极性，实现煤电企业清洁低碳转型，必须将促进煤电高质量转型与新能源发展有机结合，推动煤电和新能源优化组合，统筹大型风电光伏基地建设与煤电综合改造升级，发挥煤电对大型风电光伏基地开发消纳的支撑性和调节性作用。同时，在体制机制上要加快出台支持煤电健康发展的相关政策，持续深化煤电上网电价市场化改革，探索建立覆盖应急备用电源的容量成本回收机制，完善支持煤电灵活性改造的价格政策，保障煤电企业的合理收益。

五、大力推进“三改联动”，推动煤电清洁低碳转型

为进一步提高煤电发电效率，促进煤电清洁低碳发展，同时推动电力系统向适应大规模高比例新能源方向演进，“十四五”期间将大力推动煤电节能降碳改造、灵活性改造、供热改造“三改联动”，提高我国煤电机组能效水平和灵活调节能力。

一是节能降碳方面。持续淘汰关停落后煤电机组，推动 30 万千瓦、60 万千瓦等级亚临界、超临界机组开展综合性系统性节能改造，完成节能改造 3.5 亿千瓦；鼓励实施燃煤耦合生物质（农林生物质、生活垃圾等）技术改造，加快电厂煤炭及原辅材料、副产品、固体废弃物等运输清洁化。面对国际碳排放约束持续强化、碳关税进程进一步加快的形势，为支撑我国对外贸易发展，从国家层面整合力量，大力开展二氧化碳捕集利用与封存（CCUS）技术和应用研究。

二是灵活性改造方面。选择成熟适用、经济可行的技术改造路线，煤电机组灵活调节能力要达到 30% 及以下最小技术出力。到 2025 年，力争支撑性电源灵活性改造累计规模超过 2 亿千瓦，保障风电、光伏发电等新能源的高效消纳利用。

三是供热改造方面。对现役热电联产机组实施技术改造，扩大供热能力和供热范围，鼓励供热机组实现全部或部分热电解耦。对大型纯凝机组，鼓励通过兼顾供热方式或改造为热电联产机组承担周边地区供热，“十四五”时期力争完成纯凝机组供热改造 5000 万千瓦。

提升新能源发展中的电力支撑保障能力

构建以新能源为主体的新型电力系统，需要统筹安全与发展，坚持电力安全供应底线。新的发展阶段下，新能源行业应瞄准主体电源定位，运用新技术、推广新模式、解决新问题，主动提升自身的电力支撑保障能力，推动实现行业行稳致远和高质量发展。

一、集成应用新技术，加快推动新能源转型为可靠灵活友好的主体电源

大规模高比例新能源对电力系统运行与电力供应保障带来的影响，原因之一在于新能源发电出力的间歇性、波动性、随机性特性。当前我国新能源发电的装机占比接近 26%，发电量占比接近 12%，新能源还不具备与常规电源类似的系统友好特性。预计 2030 ~ 2035 年前后，新能源发电装机占比有望超过 50%，将成为新型电力系统的主体电源。仅依靠剩余规模的常规电源项目，无法实现电力安全可靠供应。为此，亟须集成应用相关领域新技术，加快提升新能源发电项目的系统友好特性，提升电力支撑保障能力。

从当前相关技术进展情况来看，“十四五”期间，可以通过集成应用新能源高效发电、长尺度高精度新能源功率预测、风光储智慧联合调度运行、大规模低成本长寿命储能等技术措施，加快建设一批具备可靠发电、灵活调节、友好并网等功能和性能指标的系统友好绿色电站。在可靠发电方面，可结合长尺度高精度新能源功率预测技术以及电力系统的实际需求指令，提前合理制定储能的充放电计划，重点保证在系统高峰缺电时段具备一定的顶峰支撑能力，将新能源发电的置信出力水平由 5% 左右提升到 20% ~ 30% 的较高水平，减少传统电源的装机需求，缓解系统高峰缺电时段的电力供应保障问题。

在灵活调节方面，可综合运用储能与智慧联合调度技术，在保障电站自身新能源电力高效消纳利用的基础上，储能剩余调节能力可以进一步为系统和周边的新能源项目提供调节服务，成为友好调节电源。在友好并网方面，可通过优化改善系统友好绿色电站项目的一次调频、惯量支撑、故障穿越、快速调压等并网性能技术指标，降低新能源项目与系统整体的故障概率，提升事故和极端情况下安全运行水平，有利于保障电力安全可靠供应。

二、推广利用新模式，提升新能源发电的全局配置与就地供应保障能力

我国能源资源禀赋与用电负荷错位分布的基本特点，决定了未来仍然需要大规模集中开发西部北部地区的新能源资源，依托大电网跨省跨区输送至中东部地区负荷中心，作为保障中东部负荷中心地区电力供应的重要途径之一。为此，提升跨省跨区输电通道的送电能力以及新能源电量占比，对于中东部地区的电力保障供应具有重要意义。根据国家能源局关于2020年度全国可再生能源电力发展监测评价结果的通报，国家电网运营的18条特高压通道年输送可再生能源电量占比37%，部分已投运特高压输电通道的利用率偏低，送电能力与新能源电量占比还有进一步提升的空间。

为了提升新能源电力的跨省区配置规模与水平，“十四五”时期可从存量与增量两方面统筹着手。对于存量跨省跨区外送通道，可以充分发挥送受端系统的调节能力，利用新能源短期和超短期功率预测技术滚动优化送电曲线，提升通道送电能力与新能源电量占比。对于新增跨省跨区外送通道，可推广利用“风光水火储”多能互补模式，建设高利用率、高新能源占比的西电东送输电通道，在部分具备条件的地区，可以探索极高比例新能源甚至“风光储”“风光水储”一体化的纯可再生能源外送模式。

同时，推广利用“源网荷储一体化”的新能源就地开发利用模式，对于提升新能源发电的就地供应保障能力具有重要意义。在西部北部地区，可以结合产业结构转移与新能源资源条件，推动新能源就地为高载能等产业的用电负荷提供绿色电力，尽力提升新能源绿色电力消费占比。在中东部地区以及西部北部的重要城市、工业园区、偏远地区等，可以推动建设以新能源为主体、以自发自用为主的分布式微电网，发挥分布式系统贴近终端用户的灵活布局优势，使之成为保障中心城市重要负荷供电、满足工业园区绿色电力消费需求、解决偏远地区电力供应难题的重要举措，与大电网兼容互补，最大化提升电力就地供应保障能力。

三、研究解决新问题，发挥分布式光伏与海上风电的电力支撑保障作用

中东部和南方地区是我国的用电负荷中心地区，近年来随着生态环保、土地资源等约束不断增强，发展煤电和大规模集中式新能源的难度持续加大，电力保障供应的压力也在不断增加。2021年冬季，湖南、江西等地区出现极端严寒天气，短期内用电负荷快速增长，在新能源等各类电源与大电网均无法提供有效支撑的情况下，出现了较大范围的电力供应保障问题，值得深思。在此情况下，发展分布式光伏与海上风电，成为中东部和南方地区开发利用新能源、提升电力供应保障水平的重要举措。目

前，分布式光伏和海上风电的并网消纳问题尚未大规模集中显现，但从长远来看，随着分布式光伏的持续快速发展、海上风电逐步由近海向深远海拓展，需要统筹规划、超前研究在发展过程中有可能出现的新问题。

一方面，分布式光伏在平价时代具备较强的商业竞争力，布局灵活，市场潜力巨大。目前山东、浙江的分布式光伏装机已超过千万千瓦，河北、江苏等地接近千万千瓦，考虑包括集中式光伏在内，河北、山东光伏并网装机超过 2000 万千瓦。“十四五”期间，在国家政策的大力引导下，预计中东部地区的分布式光伏将进一步加快发展。从系统运行角度看，大规模高比例光伏并网后，将改变电力系统的净负荷特性，呈现典型的“鸭子曲线”，要求电力系统具备更加快速和灵活的调节能力，会对光伏发电的进一步发展造成制约，也会对电网的供电保障能力带来压力。目前，中东部局部地区已经出现中午时段光伏发电消纳困难的现象。为此，需要研究提升电力系统的灵活调节能力，同时推动电力市场建设，通过灵活的市场价格信号引导各类储能、可调节负荷等资源，为光伏的就地开发利用提供支撑保障。

另一方面，目前我国海上风电项目累计并网装机规模已超过 1000 万千瓦。“十四五”期间，部分沿海重点省区规划建设近海风电项目规模较大，近海风电开发呈现加快提速的势头，汇集送出和并网消纳的难度将持续加大，需要重点开展专题研究。与此同时，深远海风电的规划建设工作逐步提上日程，由于离岸送电距离更远、集约化开发规模更大、接入电网电压等级更高，深远海风电项目开发与大电网的联系将更加紧密。为此，需要统筹沿海地区的深远海海上风电规划与电力系统、电网发展规划，提前研究解决深远海风电的并网送出和消纳利用问题，切实发挥对于中东部沿海地区的电力支撑保障作用。

“十四五”新能源消纳形势分析与建议

“十四五”期间，我国新能源将迎来更大规模、更高速度的发展，消纳利用压力将持续增长。为保证新能源合理水平的消纳利用，防范弃风弃光反弹，有必要总结“十三五”消纳基础，研判未来五年消纳形势，积极采取有效的应对措施。

一、“十三五”新能源消纳持续向好，但基础仍不牢固

自2000年起，我国新能源行业发展正式起步，先后经历了示范探索、产业化初期、规模化发展的三个阶段。在此期间，行业发展所面临的主要矛盾也在发生变化。2010年以前，新能源装机规模整体较小，面临的主要矛盾是设备接网等技术性问题。2010年以后，新能源进入规模化发展阶段，并网装机容量快速增长。由于新能源发电的间歇性、波动性、随机性等特性，弃风弃光开始出现，并在2016年前后出现高峰。新能源发展的主要矛盾，也逐步转为系统消纳问题。其中，弃风弃光主要集中发生于“三北”地区以及冬季供暖期，问题集中体现在“三北”地区的系统调峰能力、跨省区外送能力无法支撑本地区新能源的大规模开发，以及由此带来的“三北”与中东部地区之间的新能源开发布局优化问题。

从“十三五”期间的新能源发展情况来看，前四年在稳定的政策支持下，新能源装机增幅整体上较为平稳，年均新增约6000万千瓦左右。2020年，受国家财政补贴退坡政策的影响，新能源全年新增并网装机超过1.1亿千瓦，创下历史新高，直接带动“十三五”年均新增装机提升到7100万千瓦，达到了“十二五”时期的2.5倍。截至2020年底，全国新能源累计并网装机达到5.35亿千瓦，占全部发电装机的比重达到24.3%，新能源年发电量的占比也提升到了9.5%。

在装机规模快速增长的同时，新能源的开发布局也在不断地优化调整。“十三五”期间，新能源开发布局的主导因素由资源条件转向消纳条件。消纳条件较好的中东部地区，新能源装机占比持续提升。其主要原因有两点：一是在较高的弃风率、弃光率下，消纳利用情况成为决定新能源项目收益水平和开发企业投资决策的关键，通过市场机制引导新能源开发布局优化；二是在新能源消纳预警机制的严控下，“三北”限电严重地区的新增建设规模受限，通过政策机制引导新能源开发布局优化。在两方面因素的综合作用下，“十三五”期间，中东部地区的新能源装机占比由26%稳步提升至38%。

从消纳情况来看，“十三五”期间，在各方的共同努力下，特别是电网企业持续深挖大电网的灵活调节潜力的支持下，全国新能源消纳形势持续向好。从全国来看，新能源利用率持续提升，风电平

均利用率由 2016 年的 83% 提升至 2020 年的 96.5%；光伏平均利用率由 2016 年的 90% 提升至 2020 年的 98%，均处于较高水平。从重点地区来看，新疆、甘肃、内蒙古、黑龙江、吉林等消纳困难省区，新能源就地消纳能力与外送能力不断提升，弃电率也由“十三五”初期的 20% ~ 40%，逐步下降至“十三五”末的 10% 以下，全面完成了利用率控制目标，新能源消纳压力大幅缓解。

虽然当前消纳形势较好，但是支撑新能源未来持续高效消纳利用的基础还不牢固。分析来看，重点体现在两个方面：一是系统调节能力建设总体处于滞后状态。“十三五”期间，火电灵活性改造、抽水蓄能、调峰气电的规划新增目标，分别仅完成了 40%、50%、70% 左右。新型储能的成本仍然较高、安全性还有待提升，当前总体规模仍然较小。二是新能源跨省区输送比例偏低。由于配套电源建设滞后或受电网安全稳定运行的限制，部分跨省跨区通道的新能源电量占比低于 30%，跨省区消纳能力还有待提升。考虑当前大电网特别是“三北”地区的新能源消纳空间裕度不大，如果出现新能源装机短期大幅增长、用电负荷增速明显下降等情况，新能源消纳的平衡状态极易被打破，弃风弃光存在着发生反复的潜在风险。

二、“十四五”新能源消纳难度大幅增加，压力整体较大

“十四五”期间，是碳达峰的关键期和窗口期，对新能源的更大规模发展提出了外部需求。同时，“十四五”时期也是新能源发展由补贴驱动转为市场驱动的转折期，新能源自身的度电成本持续下降，为更大规模发展提供了内部支撑。初步预计，2025 年全国新能源并网装机将达到 10.5 亿千瓦左右。“十四五”期间，新能源将保持年均 1 亿千瓦左右的高速增长，这个规模是“十三五”时期的 1.4 倍；如果不考虑 2020 年底短期集中并网的特殊情况，实际上达到了 1.8 倍。与此同时，新能源消纳的关键在于提升发电量。“十四五”期间我国新能源新增发电量占全部新增电量的比重，将由“十三五”期间的 25% 快速提升至 45%。到 2025 年，新能源的年发电量占比，也将由 2020 年的 9.5% 快速提升至 17%，接近翻一倍。整体来看，“十四五”期间新能源消纳利用的难度将大幅增加。

从 2021 年情况来看，根据 1 月 -6 月的行业统计数据，局部地区已经出现了弃风弃光短时增长的现象。其中，青海弃风率 11.8%、弃光率 11.7%，同比分别增加 8 个百分点、3.5 个百分点，蒙西地区弃风率 10.5%，同比增加 0.7 个百分点。初步分析，可能有以下原因：一是青海 2020 年度新能源集中新增并网规模较大，装机同比增长 55%，消纳压力在 2021 年度集中体现；二是内蒙古 2021 年度执行了严格的能耗双控政策，影响了用电负荷增长，对消纳情况产生了一定影响；三是今年来风资源情况普遍偏好，客观上造成了较大压力。在多种因素的综合作用下，造成了上半年局部地区弃风率弃光率短期内有所回升。结合青海、蒙西等地区的负荷增速、调节能力和外送能力情况，预计本年度新能源消纳仍然存在着较大压力。这也进一步说明，新能源消纳问题尚未永久解决，一定情况下弃风弃

光极容易发生反复，存在较大的潜在风险。

从未来五年情况来看，全国新能源消纳的压力整体较大。初步研究，“十四五”期间，为合理消纳新能源，在抽水蓄能、调峰气电按预期投运的基础上，还需要新增火电灵活性改造1.2亿千瓦；依托存量特高压通道、火电点对网通道以及新建西电东送通道，新增跨省区输送新能源1.3亿千瓦；同时，建设新型储能3000万千瓦~5000万千瓦（≥2小时）。以上措施如果落实到位，各地区的新能源利用率可以保持在合理水平范围。但是，考虑当前火电灵活性改造缺乏有力的市场激励机制，新型储能的建设成本仍然较高，新能源跨省区外送涉及送受端网源协调和建设工期等问题，未来三到五年，以上措施落地实施还有较大的不确定性。如果未能落地实施，初步判断，“三北”地区的新能源消纳可能面临较大压力，部分地区有可能再次出现新能源消纳困难的问题。

同时，还需要提前关注中东部地区的光伏消纳问题。当前，中东部地区消纳空间相对较大，但新能源开发面临土地环保等因素的制约。初步分析，“十四五”期间，结合建筑、交通、农业等跨领域的建设条件，中东部地区的分布式光伏将进一步加快发展。随着光伏装机占比的持续提升，电力系统的运行特性将发生变化，部分地区有可能出现中午时段光伏消纳困难的新问题，要求电力系统具备更加快速、灵活的调节能力。为此，对于浙江、江苏、山东、河北等光伏装机规模大、建设布局集中的地区，需要根据系统消纳能力合理控制发展节奏，提前防范有可能出现的弃光限电问题。

海上风电是未来五年中东部地区消纳压力增加的另一个重点领域。一方面，在广东、山东、福建、广西、江苏等地区，近海风电开发提速。初步预计，“十四五”期间新增投产规模有望达到3000万千瓦以上，汇集送出和并网消纳的难度将不断加大，登陆点和输电通道等资源将更加紧张。另一方面，“十四五”期间，海上风电的开发将由近海走向深远海。深远海风电的离岸距离更远、集约化规模更大、接入电压等级更高，汇集并网难度更大，与大电网的联系也更加紧密。需要加大与中东部地区电力规划的统筹协调，采取有效措施应对汇集送出和并网消纳问题。

三、关于“十四五”新能源消纳的几点建议

一是打通关键政策堵点，保障各项消纳措施落地见效。建议完善电力辅助服务市场机制，创新火电与新能源协同运行的市场化收益分配机制，推动“三北”地区火电加快灵活性改造，引导自备火电积极参与系统调峰和新能源消纳。储能方面，建议推动“新能源＋储能”一体化开发模式，尽快完善电网侧储能的价格疏导机制，根据新能源消纳的调节能力需求，合理布局建设新型储能项目。分布式新能源方面，建议加快完善就地消纳的技术标准、交易机制、支持政策，推动分布式新能源的就地开发、高效利用。

二是推动技术与模式创新，开展新型电力系统的试点示范。一方面，建议通过新能源高效发电、

长时间尺度高精度功率预测、智慧调度控制、新型储能等技术，试点建设一批高可靠性、高灵活性的新能源绿色电站，在实现自身高效消纳利用的同时，还可为电力系统提供一定的灵活调节能力，适应匹配主体电源的功能定位。另一方面，建议按照“风光储”“风光水储”一体化开发利用模式，探索建设百分之百纯可再生能源的新型西电东送输电通道，最大化促进新能源电力的跨省区消纳，实现全局资源优化配置。

三是持续开展新能源消纳监测预警，助力行业高质量发展。一方面，依托全国新能源电力消纳监测预警平台，常态化监测、及时分析全国新能源消纳情况，研判未来消纳形势，服务行业主管部门的管理决策。发挥新能源开发建设工期相对较短、布局相对灵活的优势，通过优化制定各地区的新能源合理利用率、消纳责任权重等宏观政策，引导优化新能源的开发布局和发展节奏。另一方面，向行业提供新能源开发和消纳的综合解决方案，在新能源发展规划和项目策划阶段实现网源协调，提高新能源项目的消纳利用率和收益水平，服务行业高质量发展。

聚焦碳达峰、碳中和战略目标，以科技创新为能源转型保驾护航

创新是引领发展的第一动力。党的十八大以来，习近平总书记把科技创新摆在了全局发展的核心位置，多次在重要讲话中作出部署和指示。“十四五”时期是能源革命和科技革命交汇的重要战略机遇期，也是我国实现碳达峰、碳中和的关键窗口期，科技创新是支撑我国能源健康快速发展的不竭动力，对扎实推进“四个革命、一个合作”能源安全新战略，积极推动我国能源绿色低碳转型具有重要意义。

近期，国家能源局、科学技术部联合印发了《“十四五”能源领域科技创新规划》（以下简称《规划》）。《规划》围绕我国能源发展重大需求和能源技术革命发展趋势，以科技创新作为着力破解制约“十四五”时期我国能源高质量发展难题的有效途径，对未来一段时期内能源创新任务进行了全方位部署，提出了 2025 年前能源科技创新的总体目标，是能源领域科技创新发展的“指南针”。

一、围绕科技自立自强，科学合理制定发展目标

从国内能源科技发展形势看，我国已经从“跟跑、并跑”为主，向“领跑、主导”加速转变。经过“十二五”“十三五”两个五年规划期，我国能源技术革命取得了阶段性成果，创新能力显著提升，已经取得了多个“世界第一”和“国际首个”，掌握了一批具有自主知识产权的关键核心技术、建设了一批具有先进技术指标的精品能源示范工程、推广了一批具有国际竞争力的清洁高效能源装备产品，已经建立了较为完备的清洁能源装备制造产业链，能源供应链产业链供应链安全保障水平不断提高。

从国际能源科技发展形势看，应对气候变化已经成为国际共识，能源格局正在发生深刻变革，以科技创新为主线的能源转型加速推进。政策引导上，世界主要能源强国以体制机制为主要抓手，积极部署以能源科技创新发展为主线的能源战略顶层设计；能源格局上，积极推进主体能源由化石能源主导到可再生能源主导的更替，绿色低碳和多元融合将是很长一段时间内世界能源科技发展的主旋律；技术布局上，国际能源产业链正在呈现区域化和多元化发展的趋势，各国从保障本国能源安全和抢占产业发展先机的角度考虑，着力提升新兴能源领域的产业竞争实力。

一方面，从实现能源强国、引领世界能源科技发展前沿的要求出发，我国在能源技术创新和创新

体系建设方面仍然有待加强；另一方面，国际能源发展形势严峻复杂，全球能源格局的深刻调整重塑，叠加大国博弈、地缘政治、新冠肺炎疫情的影响，要求我国必须“牢牢抓住能源的饭碗”，增强科技自立自强能力。然而，我国能源科技发展仍然面临着诸多挑战：一是能源创新发展驱动力不强，能源领域科技创新发展不平衡、不充分的问题较为突出，推动能源转型的绿色低碳能源技术创新有待加强、新兴战略性能源技术创新有待布局；二是能源产业链仍然存在堵点、断点、痛点，部分关键核心技术仍然面临受制于人的风险，亟须通过能源创新进一步补短锻长，进行补链、强链、延链工程；三是虽然我国部分能源创新技术已经进入国际先进行列，但产业化程度不高，基础研发和工程需求脱节，创新链和产业链缺乏有效衔接融合和良性互动。

正是针对能源科技发展存在的问题和不足，《规划》提出了主要发展目标，在“十四五”时期，能源领域现存的主要短板技术装备基本实现突破，形成一批能源长板技术新优势，能源科技创新体系进一步健全，能源科技创新有力支撑引领能源产业高质量发展。同时，《规划》在以新能源为主体的新型电力系统建设、核电、化石能源开发利用、能源产业数字化智能化等技术方向提出了具体发展目标，科学引导各产业学研用创新主体将科研力量和优势资源聚集到重点能源技术创新领域。

二、锚定新形势新目标，统筹优化构建创新领域

能源科技规划构建的创新发展路径及部署的重点任务是必须与同时期能源发展需求及要求高度契合承接。在不同能源发展阶段中，能源科技创新规划的历史使命不尽相同，其目标、任务、内容亦有所差异，但最终指向都将是通过科学合理规划能源创新路径，实现能源发展阶段性目标。“十二五”和“十三五”两个规划期是我国能源发展从粗放扩张到集约高效的加速换挡期，编制这两个五年能源科技规划时，紧紧抓住制约能源转型的关键瓶颈和能源发展的深层次矛盾，以提高自主创新水平、增强能源供给能力、优化调整能源结构、提升资源利用效率、降低污染物排放水平为核心，按照能源生产和消费产业链供应链技术环节的相关性和相近性布局重点技术创新领域。

“十四五”时期是我国能源高质量发展的新阶段，能源安全保障能力进一步增强，绿色低碳发展水平进一步提高，新型电力系统加快构建，能源产业链现代化水平显著提升，预计到 2025 年，非化石能源消费比重提高到 20% 左右，非化石能源发电量比重达到 39% 左右。面对新形势、新目标，《规划》在构建创新路径时，没有延续“十二五”和“十三五”的编制思路，而是充分衔接配合“十四五”时期能源发展特点，打破《规划》专题研究的专业局限，聚焦亟须突破的技术创新难题，分类设计划分技术创新领域。

一是以能源重大发展需求为导向，统筹各能源分系统在能源体系中的地位和作用。可再生能源大规模化、多元化发展是实现双碳战略目标的直接路径，《规划》聚焦大规模高比例可再生能源开发利

用，将水能、风能、太阳能、生物质能、地热能以及海洋能等划入“先进可再生能源发电及综合利用技术”中。传统化石能源开发利用是托底保障我国能源安全的现实要求，也是防范化解电力安全保供风险的重要举措，因此，以保障油气供应安全和聚焦煤炭绿色低碳高效利用为主线，《规划》划分设置了“绿色高效化石能源开发利用”技术创新领域。我国已经提出了构建以新能源为主体的新型电力系统，从结构特征看，在新型电力系统中绿色电源将为主体电源、新能源提供可靠电力支撑。从形态特征看，新型电力系统源网荷融合互动，“大电源、大电网”与“分布式系统”兼容互补。从技术特征看，新型电力系统各环节全面数字化，调控体系高度智能化。因此，从传统电力系统过渡到新型电力系统，还有大量涉及材料装备、系统设计、运行机制相关的基础理论研究及工程实践有待开展，是一项庞大的需要系统深入研究的重大课题。此外，储能是提供可靠容量支撑、保障新能源消纳，实现跨季节长时间尺度能量转移的关键环节，是保障新型电力系统安全稳定运行的重要元素。因此，《规划》围绕大规模新能源开发并网和先进储能技术，划分设置了“新型电力系统及其支撑技术”。

二是指向明确、精准聚焦，对智慧能源技术集中化、分层次布局。随着数字化产业蓬勃发展，能源行业与新一代信息技术融合已然大势所趋，成为推动传统能源产业转型升级的关键载体，也是催生能源行业新技术、新模式、新业态的重要动能。《规划》对能源系统数字化智能化技术领域的划分布局主要考虑以下三方面：一是当前我国能源数字化基础仍然相对薄弱，亟须构建适用于能源行业的智能化共性关键技术体系；二是我国能源行业与数字化融合程度不高，制约了能源产业链要素的有序合理流动和高效协作，限制了全产业链总体资源配置效率，应积极构建数字化与能源行业深度融合的发展体系；三是数字化手段是赋能传统产业链高端化发展的重要途径，近年来涌现了基于数字化、智能化发展体系下的综合智慧能源服务、虚拟电厂、供需互动等能源发展新模式、新业态，这些都将在未来成为我国能源产业新的增长极，也将是传统能源产业链高端化发展的重要支点。因此，《规划》将可再生能源、煤炭、油气、核电、电力系统涉及数字化智能化的内容统筹到“能源系统数字化智能化技术”技术领域中，按照基础共性、行业智能升级、智慧系统集成三个维度分层布局且单独成章。

三是找准氢能在现代能源体系中的定位，以相关创新领域布局科学引导发展方向。氢能作为一种清洁能源载体，一方面应用广泛，可以实现能源与交通、工业、建筑行业的互补融合，实现各行业融合互联以及协调、高效、低碳发展，另一方面氢能可以实现可再生能源跨时间、跨空间转移，破解可再生能源间歇性、波动性带来的消纳难题。但是，氢能发挥以上两方面重要作用有一个重要前提，就是氢的来源必须由可再生能源制得，而当前，受制于技术成熟度和经济性的原因，氢的主要来源仍然是传统化石能源。“十二五”和“十三五”时期，氢能主要作为战略新兴产业的定位鼓励发展，随着近年来氢能的能源属性逐渐凸显，其在现代能源体系中的地位和作用进一步明确，《规划》将“氢能和燃料电池技术”重点任务部署在“先进可再生能源发电及综合利用技术”技术领域中，这充分说明由可再生能源制得的绿氢是氢能在制、储、运、用各产业链环节开展技术创新应用的重要前提。

三、立足新定位新要求，梯次衔接规划创新路径

“重点任务”章节明确了“十四五”期间鼓励创新的细分技术领域，是能源领域技术创新的“实施方案”。在架构框架上，《规划》延续了“十二五”和“十三五”技术创新规划，按照“三个一批”实施路径，以集中攻关、示范试验、推广应用三个层次为科研成果转化维度部署重点任务，按照“两个节点”时间轴，以 2025 年、2030 年为时间衡量维度，制定各领域技术发展路线图并预测技术发展阶段。

一是鼓励绿色低碳“潜力股”技术开展集中攻关研究。针对契合我国能源转型方向但距离工程示范还有一定阶段的创新技术，“集中攻关一批”重点任务鼓励开展科研攻关。从充分挖掘可再生能源资源利用潜力的角度出发，《规划》布局了新型海上风电、光伏发电、太阳能热化学储能、生物航空及交通运输燃料、水 / 干热型地热能资源开发利用、高效波浪能转换等技术的集中攻关；从多元化构建氢能应用体系的角度出发，《规划》布局了高温固体氧化物电解水等前沿氢气制备技术、液氢储运技术的集中攻关；从加快战略性、前瞻性新型电力系统核心技术储备的角度出发，《规划》布局了高精度预测新能源功率、新能源并网主动支撑技术、交直流混合配电网灵活规划运行、新型电力电子装备的集中攻关；从支撑新型电力系统稳定运行的角度出发，《规划》布局了针对电网削峰填谷、集中式可再生能源并网、增强电网调频、平滑间歇性可再生能源功率波动以及容量备用等多元化应用场景的集中攻关。此外，《规划》针对第四代核电技术、非常规油气及海洋油气勘探开发、燃气轮机技术、能源领域智能化智慧化技术等均提出了明确的集中攻关任务。

二是依托示范试验，开展“临门一脚”技术工程验证。针对“十四五”时期有望进入工程示范阶段且属于支撑双碳战略迫切需要的创新技术，“示范试验一批”鼓励开展工程示范验证。可再生能源的高效、低成本、多元化利用是降低碳排放最直接有效的途径，《规划》在不同的可再生能源品类均布局了开发利用示范试验工程；“十四五”是氢能从示范试验走向规模化应用的关键期，也是应用场景和商业模式探索的窗口期，《规划》从氢气制备、储运、加注和燃料电池不同的环节均布局了示范试验工程；鉴于源网荷储一体化和多能互补一体化是新型电力系统发展的重要路径，《规划》布局了源网荷储一体化和多能互补集成设计及运行技术示范试验；在储能技术方面，《规划》鼓励“十四五”期间进行规模化、多应用场景的示范试验。此外，《规划》还在核电、油气、煤炭、煤电、能源智慧化领域均布局了一定数量的示范试验重点任务。

三是推动成熟可靠的先进能源技术走向市场推广应用。“应用推广一批”主要针对已经具备一定成熟度和经济性且有必要进一步推动应用及鼓励创新升级的能源技术。在双碳战略下，我国仍需保留一定容量的火电机组以保障电力系统的安全稳定运行，提升火电灵活调节能力是保障清洁能源消纳、

提高可再生能源消费占比的重要路径，是未来火电技术的重要发展趋势之一。《规划》提出了因地制宜应用推广低压缸零出力、加装蓄热装置、火－储联合调频等火电灵活性提升改造技术，正是统筹考虑了火电在新型电力系统中的重要作用，推动火电机组由主体性电源向调节性电源转变。

四、多措并举保障落实，充分激发创新主体活力

《规划》保障措施主要聚焦在四条主线。一是以协同创新为主线。在行政主管层面，建立国家与地方、能源与科技等不同管理层级和不同管理口径的协同联动工作机制；在实施主体层面，一方面，按照“揭榜挂帅”原则鼓励跨领域、跨学科创新联合体，鼓励产、学、研、用各环节创新主体联合攻关，形成合力，另一方面，“十四五”期间，依托能源优势企业围绕重点科技创新领域设立一批能源研发创新平台，继续优化完善能源研发创新平台的运行、管理和评估机制。

二是以成果转化为主线。《规划》重点任务将按照“攻关有主体、落地有项目、进度可追踪”的落实原则进行跟踪评估，以能源技术装备首台（套）政策作为配合《规划》各项重点任务走深走实的重要抓手，在确保安全的前提下按照“凡有必用”的原则推进示范应用。此外，《规划》还提出了将研究建立能源产业技术装备推广指导目录，推广先进能源技术装备。

三是以企业为主线。能源央企在推动我国能源科技创新方面一直发挥领军带头作用，是我国重大能源创新工程实施的主导者。《规划》提出要充分发挥能源领域中央企业技术装备短板攻关主力军、原创技术策源地和现代产业链“链长”作用，推动各领域优势企业强强联合，突破制约提升能源产业链现代化水平的关键核心技术。

四是以资金支持为主线。《规划》提出，一方面将进一步争取支持各类财政支持，加大资金投入力度，另一方面，以《规划》重点任务为导向，引导企业创新基金和社会资本投入，鼓励参与能源行业各环节科技创新。

此外，《规划》还在技术标准、国际合作、人才培养等方面提出了具体保障措施。

储氢在新型电力系统中应用的关键问题及建议

大规模高比例可再生能源电力的接入，对构建新型电力系统提出了巨大挑战。首先，风电和光伏在时间维度上具有周期性特征的间歇性波动、在空间维度上具有资源禀赋的差异性，新型电力系统承担着复杂繁重的消纳任务，需要在不同的时间尺度、以不同能源载体形式提高系统灵活响应能力。其次，当前我国电力系统的新型储能技术形式以储电尤其是电化学储能为主，难以满足大规模、长周期、跨季节的电力调节需求。第三，提高煤电机组灵活调节能力、降低煤电机组最小技术出力同样是现阶段让渡可再生能源电力、提高可再生能源利用水平的重要手段之一。但是，随着我国碳中和进程的不断推进，提高非化石能源消费占比是降低碳排放最直接最有效的方式。因此，新型电力系统亟须挖掘多元稳定的清洁低碳能源载体，为构建安全可靠的电力系统运行体系提供坚强支撑和有力保障。

氢能作为一种来源广泛、清洁灵活、应用场景丰富的二次能源，在化工、交通、能源电力、建筑等领域均涉及应用。在构建新型电力系统的背景下，氢能是电能的重要能量转换载体，基于各类可再生能源制氢技术的电氢应用体系可以灵活地实现电能－氢能的双向互动转化，因地制宜形成满足电、热、冷多元化能源需求的多能互补系统，是可再生能源电力的有力补充。

储氢是电氢应用体系中的重要环节，可以克服新能源电力存储难以大规模、长周期、跨季节的局限性，助力提高新型电力系统的低碳电源支撑能力。下面主要从构建新型电力系统的角度对储氢规模和储氢形式两个关键问题进行讨论，并提出储氢技术在电力领域应用的发展建议。

一、储氢规模宜合理优化、按需配置

随着构建新型电力系统进程的不断推进，发展长时间尺度、大规模储能技术的紧迫性逐渐凸显。已经商业化的大规模储能技术主要有抽水蓄能、压缩空气储能、热水 / 熔盐等储热技术。但抽水蓄能的建设受厂址条件严格限制，熔盐储热技术主要应用于光热发电领域，压缩空气储能技术正在商业化示范的初期。鉴于氢能具有灵活应用的优势并且可以进行大规模、长周期储存，储氢技术受到了广泛关注。

虽然储氢从时间尺度角度讲具有长周期、跨季节的优势，但是电－氢－电的转化效率实际仅有 40% 左右，远远低于锂离子储能的效率。因此，如果一味增加储氢规模，会显著降低系统整体发电效率，减少可再生能源电量，直接影响经济性；但如果储氢规模过小，则会难以满足长时间储氢的需求，不利于提高可再生能源消纳水平。因此，按需合理配置储氢规模是充分发挥储氢技术在新型电力系统中优势的重要方面。

以内蒙古风光资源较好的地区为例，以电源基地风电 / 光伏 / 火电装机规模为 4000 兆瓦 /8000 兆瓦 /4000 兆瓦、配置 1000 兆瓦 /2000 兆瓦时锂离子储能为基础条件，当固定配置 500 兆瓦电解水制氢系统、储氢时长从 2 小时增加到 16 小时，考虑以可再生能源电解水制氢—气体储氢—氢燃料电池发电体系的氢电系统的发电量随储氢时长的变化如下表所示。

氢电系统发电量随储氢时长的变化

储氢时长（小时）	2	4	6	8	10	12	14	16
发电量（亿千瓦时）	1.05	1.77	1.98	1.99	1.99	2.00	2.00	2.00

第一，从表中可以看出，当储氢时长从 2 小时增加至 6 小时的时候，储氢发电量增加明显，之后随着储氢时长的增加，发电量增加并不明显，这说明大规模储氢的时长存在一个最优值，并非时间越长越好；第二，在给定的资源条件下，氢能量存储可以跨天，从而实现长周期储能，而锂电是日内、日间充放电，这说明相比于锂电储能，储氢具有长时间尺度储能的优势；第三，电氢系统的充放电效率远远小于锂电，这也导致了电氢系统的能量利用率低，因此，电氢循环系统适用于峰谷价差较大或需要长周期、大规模消纳弃风弃光的场景。

仍以内蒙古风光资源较好的地区为例，以电源基地风电 / 光伏 / 火电装机规模为 4000 兆瓦 /8000 兆瓦 /4000 兆瓦、配置 1000 兆瓦 /2000 兆瓦时锂离子储能为基础条件，储氢时长 6 小时，储氢容量从 200 兆瓦增加至 1000 兆瓦，以可再生能源电解水制氢—气体储氢—氢燃料电池发电体系的氢电系统发电量随储氢容量变化如下表所示。

氢电系统发电量随储氢容量的变化

储氢容量（兆瓦）	200	300	400	500	600	700	800	900	1000
发电量（亿千瓦时）	0.83	1.23	1.61	1.99	2.35	2.69	3.03	3.34	3.67

随着储氢容量的增加，氢电系统的发电量明显增加，这主要是因为储氢容量增加后，平抑瞬时风电、光伏波动性的能力增强了，但是氢电循环装置的利用小时数并不是随之增加的，而呈现先增加后降低的趋势。这是因为储氢容量存在一个结合经济性确定的最佳储氢容量，当设计储氢容量小于最佳

储氢容量时，不能满足消纳风光的需求；而当设计容量大于最佳储氢容量时，虽然氢电循环发电量增加、可再生能源利用水平提高，但是氢电循环装置利用小时数下降，实际运行过程中部分装置可能仅在少数风电峰值时刻运行，其他时间备用或停机从而导致全年闲置时间较长，由此增加的建设运行费用有可能难以满足项目经济性要求。因此，合理优化储氢容量是兼顾可再生能源消纳利用和技术经济性的必然要求。

二、储氢形式应因地制宜、经济可行

储氢形式划分有多种，一种是以物理形态区分，即气态储氢、液态储氢和固态储氢；一种是以化合状态区分，氢单质状态、氢化合物状态。早期国内以物理形态区分储氢形式，当时氨和甲醇尚未被纳入储氢体系中。近年来，随着对储氢技术认识的不断加深，鉴于氨和甲醇等氢化合物作为储氢方式具有运输便捷经济的优势，逐渐被纳入了储氢体系中。

在新型电力系统中，氢电循环中储氢的上游制取环节为可再生能源电解水制氢，下游利用环节一般为燃料电池和氢燃机，因此，储氢被视为是一种提高电力系统灵活性和增加可再生能源电量的方式，且不同类型的燃料电池和氢燃机对氢气入口的纯度要求也有所差异。

在送端来说，储氢可以和电化学储能配合应用于大型多能互补综合能源基地中，电化学储能用于短时调峰、调频，储氢则在新能源发生季节性波动和非常规天气状况时发挥长周期、大规模储能的优势。在这种情况下，采用储罐储氢显然是不经济的，在众多储氢技术路线中，利用盐穴、废弃矿井、含水层等特殊地质条件进行氢气存储是长期规模化储氢的最佳途径之一。国际上已经开展了利用盐穴进行规模化储氢的尝试，充分说明了该技术路线的可行性，四个已经建成的盐穴储氢项目分别位于美国和英国。

国际盐穴储氢项目信息

地点	美国：Clemens Dome	美国：Moss Bluff	美国：Spindletop	英国：Tesside
建成时间	1986	2007	——	1972
体积容量（千立方米）	580	566	906	210
储能容量（吉瓦时）	81	123	274	27

在受端来说，储氢主要作为削峰填谷、需求侧响应的一种储能形式，可选择的储氢形式比较灵活。可以根据具体的应用场景选择气罐压缩氢气储氢、金属氢化物的固态储氢形式或低温液态、有机液态

等液态储氢形式，若氨燃机进一步技术成熟后，也可以选择储氨的形式。但具体储氢形式的确定应重点考虑储氢下游氢 - 电系统的技术路线，结合对氢气纯度要求而统筹考虑确定。

三、发展建议

新型电力系统具有适应大比例可再生能源且全面低碳化的特征，因此，在未来的新型电力系统中，能够大容量、长时间尺度充分消纳利用可再生能源的储氢技术是其他储能形式的有益补充，是推动多能互补和源网荷储一体化发展的重要手段。

（一）推动各种储氢技术装备的技术进步和发展，鼓励开展能源电力领域内的不同场景、不同规模的储氢技术示范，为高比例可再生能源接入电力系统进行技术储备。结合可再生能源电力制氢为制取环节、燃料电池发电或氢燃机发电为利用环节的不同应用模式，探索在电源侧、电网侧、用户侧因地制宜开展不同储氢技术形式的示范，形成不同储氢技术的适用应用场景及规模配置建议。

（二）尽快完善能源电力领域电氢循环体系的技术标准规范，明确氢的能源属性，建立能源电力领域氢能利用的安全监管和风险评价体系。一方面，氢能现阶段仍然按危化品进行管控，由氢合成的甲醇和氨同属危化品，这使得氢的能源化利用存在诸多障碍；另一方面，氢能尚未建立完整完善的制、储、运、用各环节的技术标准体系，尤其是在氢电应用方面，如电解水制氢系统的电力系统接入、电氢系统集成优化设计规范、电氢循环项目的安全管理规范等，未来仍然需要进一步研究制定相关标准规范体系，以支撑氢能的健康、稳步发展。

（三）建立健全电力市场、碳市场的市场机制，客观反映以可再生能源电解水制氢为基础的绿氢及储氢在新型电力系统中的实际价值。现阶段，可再生能源电解水制氢价格仍然较高，规模化储氢技术尚未具备技术经济性，然而在“双碳”目标下，具有绿色低碳属性的大规模、长周期的储氢及其转化为的电力必将是维持新型电力系统供需平衡和保障系统安全的重要方式，相应地，必须尽快建立健全能源、电力系统辅助服务和价格形成机制，加快完善碳市场相关机制，客观反映储氢的实际价值。

大力推动"一带一路"绿色电力合作走深走实

2021 年 9 月 21 日，我国宣布将大力支持发展中国家能源绿色低碳发展，不再新建境外煤电项目。这是中国为推动全球能源低碳转型发展自主采取的又一重要举措，为"一带一路"绿色电力合作进一步指明了方向。

一、绿色是高质量共建"一带一路"的本质要求

在全球低碳转型发展加速推进的背景下，中国一直以来秉持绿色发展理念，在做好自身绿色发展的同时，也在国际舞台上提出了切实可行的中国方案，用一系列实际举措务实推动更加强劲、绿色、健康的全球发展。

共建"一带一路"提出以来，绿色发展理念贯穿始终，且不断深化发展，已经成为我国深入参与全球环境治理、推动绿色发展理念的重要实践，也成为打造利益共同体、责任共同体和命运共同体的重要举措，必将为推动"一带一路"国家经济绿色包容性复苏持续贡献力量。

二、绿色是全球能源低碳转型的必然趋势

能源电力行业是全球碳排放的主要来源，目前全球碳排放 42% 来自电力和热能生产，为了应对气候危机，世界各国正在携手共进，以空前的雄心和力度，推动能源生产和利用方式的深度革新，"一带一路"绿色能源合作面临着全新的发展态势。

一是碳中和进程已成为世界各国共识和一致行动。包括中国、美国、欧盟、日本在内的超过 130 个国家和地区表示有意愿在 21 世纪中叶实现碳中和，提出碳中和目标国家碳排放量占全球总量的 70% 以上。另外，已有超过 160 个国家和地区制定了雄伟的可再生能源发展规划，预计至 2050 年全球可再生能源装机将超过 180 亿千瓦，约占全球总装机的 75%。

二是新能源在电力市场竞争中更具优势。根据预测，到 2030 年全球主要新能源技术平准化度电成本将持续下降，太阳能光伏、陆上风电和海上风电的平均成本将低于或接近 0.05 美元 / 度，光热项目平均成本将低于0.1 美元/度。与此同时，大多数国家为了鼓励新能源发展，纷纷通过固定上网电价、

电量电价补贴、绿证限额、贷款担保、税收优惠、招标补贴等不同方式对新能源给予补贴。此外，部分国家推动碳税和碳市场建设，为新能源发展进一步创造了有利条件。各国的规划发展目标、鼓励支持政策、日趋下降的电价等因素，使新能源在电力市场竞争中更具优势。

三是能源新技术和新业态蓬勃发展进一步提升了新能源应用的广度和深度。能源产业发展已经逐渐从“资源主导”“资本主导”向“技术主导”转型。新型储能、氢能、综合智慧能源等能源新技术的快速发展和规模化应用，有效提升了终端用能和新能源发电的匹配程度。依托大数据、物联网、云计算、移动互联网、人工智能、区块链等信息新技术打造的智慧城镇、智慧交通、分布式 +、光伏 + 等新业态，极大地丰富了新能源的应用场景，为开展更多样、更灵活的绿色电力合作奠定了坚实基础。

三、绿色发展为“一带一路”电力合作带来新机遇

一是加强碳中和目标下共建低碳电力系统的多双边务实合作。中国与“一带一路”国家可围绕构建低碳电力系统，在技术交流、能力建设、技术创新、标准对接、产能合作、工程示范等领域全方位加强务实合作，力争推动一批高质量、可持续、抗风险、价格合理、包容可及的绿色电力合作项目落地，为推动各方构建新型电力系统、实现能源高质量转型发展奠定基础。

二是协助发展中国家提升能源绿色发展能力。在后疫情时代，很多发展中国家已将绿色能源发展作为经济复苏的重要动力，但很多国家对于新能源规模化发展、氢能储能等创新技术应用、适应高比例可再生能源接入的电力系统建设等方面缺少经验。可以此为契机，加强与有关国家政府部门对接，协助其制定新能源发展路线图，联合开展新能源勘探开发规划研究，谋划新能源发展方案，同时积极开展技术合作、联合研究、人员培训等工作，助力相关国家新能源领域实现跨越式发展。

三是共同探索“新能源 +”新业务模式。随着“一带一路”国家产业逐步升级和城镇化进程的不断加快，同时伴随着自身电气化交通、通讯大数据、人工智能等技术的快速发展，中国可与“一带一路”国家共同探索新能源与新型基础设施建设、与新型城镇化建设相结合的新业务模式，包括共同探索建设新能源产业园、面向城市的低碳智慧能源系统、面向农村的分布式能源系统、面向交通的 V2G 等。

四是全面做好现有境外煤电的清洁运营和舆论引导工作。对已有煤电项目，要加强对环保问题的重视和投入，积极采用先进技术，对老旧机组开展高排放标准改造，同时可考虑配套建设风电、光伏等清洁能源项目，提升煤电项目的整体清洁运营水平。同时进一步加强正面舆论宣传，充分树立中国品牌的良好形象和口碑。